José Arthur Giannotti

MARX
Além do marxismo

www.lpm.com.br
L&PM POCKET

Coleção **L&PM** Pocket, vol. 245

Texto atualizado conforme a nova ortografia.
Este livro foi publicado na Coleção **L&PM** POCKET, com o título de *Marx: vida e obra*, em julho de 2000
Esta edição: julho de 2009

Tradução dos textos de Marx: Luciano Codato
Capa: Ivan Pinheiro Machado
Revisão: Renato Deitos e Patrícia Rocha

Cip-Brasil. Catalogação-na-Fonte
Sindicato Nacional dos Editores de Livros, RJ

G372m
2.ed.

Giannotti, José Arthur, 1930-
Marx: Além do marxismo / José Arthur Giannotti; [tradução dos textos de Marx, Luciano Codato]. – Porto Alegre, RS: L&PM, 2009.
176p. – (Coleção L&PM Pocket; v. 245)

ISBN 978-85-254-1079-5

1. Marx, Karl, 1818-1883. 2. Filosofia marxista. I. Título. II. Série.

09-3245. CDD: 920.93354
CDU: 929:330.85

Rua Comendador Coruja, 314, loja 9 – Floresta – 90220-180
Porto Alegre – RS – Brasil / Fone: 51.3225.5777 – Fax: 51.3221-5380

Pedidos & Depto. comercial: vendas@lpm.com.br
Fale conosco: info@lpm.com.br
www.lpm.com.br

Impresso no Brasil
Inverno de 2009

Sumário

Prefácio à segunda edição

*José Arthur Giannotti**

Esta é a segunda edição de *Marx, vida e obra*. Subtítulo inevitável, o livro sendo publicado na coleção desse nome. Já que esta se extinguiu, aproveito para escolher outro mais adequado aos propósitos do trabalho. Minha obsessão em estudar Marx como um clássico sempre esteve ligada ao projeto de examinar suas teses em vista das aberturas teóricas e práticas que propiciam. Nunca as vi como um sistema fechado, até mesmo *O capital,* sua obra máxima, atira em várias direções, e tenho fortes suspeitas de que não foi por falta de tempo que restou inacabada.

O próprio Marx se recusava a ser identificado como marxista. Suas teses valem antes de tudo para serem prosseguidas. É sintomático que, analisando os *Grundrisse,* Antônio Negri tenha escrito *Marx, oltre Marx*. Meu novo título, *Marx – Além do marxismo* –, obviamente inspirado neste último, tenta sublinhar que a base a ser negada é

* José Arthur Giannotti nasceu em 1930, em São Carlos (SP). É professor emérito de filosofia da Universidade de São Paulo e pesquisador do CEBRAP (Centro Brasileiro de Análise e Planificação). Doutorou-se com uma tese sobre o psicologismo de John Stuart Mill e depois se dedicou ao estudo da dialética marxista, publicando *Origens da dialética do trabalho* (1966), *Trabalho e reflexão* (1983) e *Certa herança marxista* (2000). Dando continuidade a seus estudos de filosofia da lógica, publicou, em 1995, *Apresentação do mundo – Considerações sobre o pensamento de Ludwig Wittgenstein*. O campo das belas-artes foi objeto de estudo em *O jogo do belo e do feio* (2005), no qual revisita as grandes questões da estética filosófica.

o marxismo cristalizado numa profissão de fé ou numa corrente de pensamento que não se deixa correr. Se a obra de Marx procura desvendar os meandros das estruturas capitalistas de produção, é seu próprio equipamento intelectual que precisa ser renovado, na medida em que o objeto de estudo explode em várias direções.

Meus críticos irão dizer que tento confinar o marxismo aos muros das universidades, que apenas sublinho o lado filosófico da obra de Marx, quando a tarefa, antes de compreender, é transformar o mundo combatendo o capital. O conhecimento não se integra numa práxis? Mas tanto o capital como o mundo explodiram em várias direções, de sorte que nem mesmo podemos falar deles se não levarmos em conta essa dispersão. Além do mais, como detectar o empuxo transformador quando, hoje em dia, o que se tomou como motor da história, o proletariado, não encontra a unidade do capital social total para se contrapor como classe unificada? Não é por isso que as lutas de classe de hoje se fazem por direitos, por conseguinte repondo o Estado em vez de contestá-lo?

"Marxismo" e "socialismo" se tornaram palavras equívocas. Enquanto havia Estados e partidos que se diziam marxistas, a adesão a ambos tinha, ao menos, um sentido político razoavelmente determinado. Na medida, porém, em que a revolução desaparece do horizonte efetivo da política, que sentido pode ter se assumir como marxista ou socialista? Não somos todos social-democratas nos seus mais variados sentidos? Diante da obra de Marx, sobra apenas tentar pensá-la pela raiz, vale dizer, a partir dela, como somos obrigados a fazer quando procuramos entender Aristóteles ou Kant, ou até mesmo Wittgenstein. Quando alguém ainda se identifica como marxista ou socialista, sem explicar o sentido dessa invocação, logo desconfio que está querendo fazer política sem sujar as mãos no seu jogo efetivo, muitas vezes contentando-se em votar num candidato cuja irrelevância parece ser compensada pela vácua sonoridade de seu discurso.

A crise econômica atual recoloca o problema do automatismo do capital e das contradições do sistema capitalista de produção. Depois de uma longa hegemonia do pensamento liberal, volta-se a falar em Keynes, e Marx passa a ser olhado sob novas perspectivas. Não é significativo que este opúsculo venha a ser reeditado neste momento? Essa crise atualiza certos conceitos marxistas, em particular aquele de um modo de produção cuja reposição passa por crises específicas. Não sei como as ciências sociais contemporâneas lidarão com esse tópico. Mas não vejo como escapar desse conceito de modo de produção, a não ser deixando de lado a específica historicidade de nosso modo de se repor em sociedade. Não é o próprio conceito de história que precisa ser considerado, nos seus dois vetores, história categorial, de um lado, a história do vir a ser, de outro. Esta me parece a primeira grande contribuição de Marx para o pensamento social.

O sistema capitalista se mostrou muito mais lábil do que se imaginava. Por certo essa maleabilidade não apagou suas contradições, continua sendo um extraordinário processo de criação de riqueza e de miséria, mas desapareceu de cena aquele vetor da história, o proletariado, que poderia contestá-lo pela raiz. Além do mais, as experiências do socialismo real mostraram a impossibilidade de uma produção da riqueza social sem as informações produzidas pelo mercado. Para Marx, dado o mercado, ele naturalmente se desdobraria no sistema do capital. Nosso desafio é impedir essa continuidade, por conseguinte, dar liberdade suficiente para que os agentes marquem os preços de seus produtos, sem que sejam levados pelo automatismo de um sistema produtivo, que se transforma num robô visando produzir e acumular riquezas em vista da simples acumulação.

Diante da tarefa de conciliar dois processos contraditórios, uma economia de mercado e uma política que se legitime na medida em que impeça a alienação desses mesmos mercados, pouco vale lamentar-se diante da miséria criada pela exploração capitalista. Mas qual seria a prática adequada para lidar com esses processos contraditórios? Creio que, nessa explosão dos mercados e na necessidade de repô-los num patamar mais humano e racional, no fundo se percebe a urgência de uma política capaz de se controlar a si mesma, em resumo, uma política democrática.

Se a questão é política, então façamos política. Mas eficaz, que tome como ponto de partida as condições dos sistemas políticos atuais, e examinemos teórica e praticamente suas possibilidades de mudança. Foram desmoralizados os arautos do novo homem, ou políticos que imaginavam suprimir o Estado à medida que o reforçavam. Marx desconfiava da democracia formal e, depois da Comuna de Paris, acreditou que uma ditadura do proletariado seria mais democrática do que ela. Mas esse conceito de ditadura serviu para justificar o lema "Todo poder aos *soviets*", e hoje sabemos o golpe que ele significou na democracia russa.

Não me parece mais adequado pensar numa política que desemboque numa negação política, a partir da qual uma nova história teria início. Desconfio dos profetas do "novo homem" ou dos Zaratustra da vida. Aceito a política como ela *é,* mas sempre procurando seu *dever ser*.

Por conseguinte, política democrática, sempre inacabada, precisando começar de novo.

Sob esse ângulo privilegio os textos de Marx que mostram como ações humanas terminam tendo consequências imprevistas e até mesmo indesejadas por elas enquanto atos individualizados. Sob esse aspecto, interessa-me particularmente o conceito hegeliano de alienação, mas torcido de tal forma que escape dos perigos do idealismo absoluto. Daí a necessidade de ler esses textos com lupa fina, cuidando de detectar as torções por que passam os conceitos quando tratam de configurar uma nova forma de práxis dialética. Por isso, depois de minha introdução, achamos conveniente apresentar alguns textos do próprio Marx, mas traduzidos de tal forma que pelo menos deixam transparecer essas torções conceituais. É o que procura fazer a tradução de Luciano Codato. Tarefa difícil, a ser retomada pelos leitores, porque o próprio Marx, numa carta ao tradutor d'*O capital* para o francês, aconselha que deixe de lado essas nuances, pois os franceses não são dados a elas. Espero que os leitores de língua portuguesa compreendam a importância filosófica dessas torções.

São Paulo, maio de 2009.

KARL MARX*

Teoria e prática revolucionárias

I – O contexto contemporâneo

A Revolução Francesa marcou o fim do Antigo Regime e radicalizou a própria ideia de revolução. O Terror levou ao limite o projeto de uma política sem concessões e, na sua destrutividade desesperada, trouxe para o horizonte da vida terral aquilo que a religião costuma prometer para depois da morte: uma sociabilidade transparente e sem peias operando no reino dos fins. O comunismo, ao propor a abolição da propriedade privada, colocou em xeque o último obstáculo que estaria impedindo

---

* Não é feliz um autor que tem a oportunidade de repensar os pontos marcantes de sua carreira intelectual? No meio dessa experiência, ao preparar dois textos, *Discurso arquiteto. Uma introdução à lógica hegeliana,* e *Certa herança marxista*, fui surpreendido pelo convite da L&PM para escrever esta introdução ao pensamento de Marx. Não pude resistir ao apelo, desde que não abrisse mão do projeto de escrever um novo texto que conciliasse, de um lado, a tentativa de apresentar para um público mais amplo os impasses teóricos e práticos em que o próprio Marx se enredou, de outro, a obrigação de não banalizar as torções por que passam seus conceitos. Não indicam esses impasses os limites do que podia ser pensado com os instrumentos intelectuais de que dispunha? E por isso mesmo não se torna grande como todos os outros filósofos que têm a coragem de fazer implodir seu próprio modo de pensar? Ao leitor cabe agora avaliar se esse projeto teve sucesso. Mas não teria seu curso se não contasse com a cuidadosa colaboração de Denis Rosenfield, Marcos Nobre, Roberto Schwarz e Romélio Aquino, que leram o manuscrito com toda cautela; assim como a recepção crítica dos estudantes do *Programa de Formação de Quadros* e dos pesquisadores do CEBRAP. A todos meus agradecimentos. *São Paulo, agosto de 1999.*

uma sociedade igualitária e liberta das vicissitudes do trabalho. A luta pela liberdade, igualdade e fraternidade transformou-se assim no movimento internacional de recriar inteiramente o homem, a fim de que ele pudesse explorar todas as suas potências e os meandros de sua racionalidade. Ao libertar-se das desigualdades de classes e da fadiga do trabalho, daria por encerrada a pré-história de sua formação e estaria pronto para a conquista de sua liberdade. A Revolução Russa, de outubro de 1917, instalou na agenda de um Estado nacional a promessa da revolução planetária, cuja possibilidade científica teria sido provada por Karl Marx e Friedrich Engels. O antigo Estado cristão, derrubado pelo Estado racional do Terror, finalmente seria substituído pelo Estado marxista, forma provisória de um Estado que haveria de abolir a si mesmo. Não são essas algumas das balizas que demarcam o terreno do pensamento de minha geração? Mas responsabilizar essas vagas ideias pelo totalitarismo soviético não é imaginar que a história seria movida sobretudo por ideias? Negar, porém, que tiveram influência no curso dos acontecimentos do século XX equivaleria a desprezar sem análise uma das teses centrais do próprio Marx de que as ideias se congeminam com práticas sociais.

Ao dizer que "marxiano" diz respeito ao que o próprio Marx escreveu, e "marxista", a tudo aquilo que foi feito devida ou indevidamente em nome dele, isso não nos livra da responsabilidade de refletir sobre sua obra levando em conta as leituras e tudo aquilo que elas provocaram. Sem dúvida essa distinção serve para sublinhar as contradições entre o que ele mesmo ensinou e o que pregaram em seu nome, mas não deve criar a ilusão de que se pode reler Marx sem ter o marxismo no horizonte. Quanto tempo, porém, será necessário para romper a crosta que o marxismo depositou nas obras de Marx, a fim de que se possa lê-las com mais isenção e menos preconceito do que o fazemos hoje em dia? O marxismo foi e continua a ser para um número reduzido de adeptos uma ideologia, no sentido marxiano do termo, utopia revolucionária internacionalizante, mas também doutrina oficial de vários Estados nacionais. Ao pretender estudar Marx como um pensador clássico, no mesmo plano que Aristóteles e Hegel, em suma, ao tentar entender as teses marxianas, cumpre não se esquecer de que se está recusando um dos pontos fundamentais dessa doutrina, a tese de que a verdade não é questão teórica mas prática. Equivale a negar que a Filosofia não se realizou ao fazer a aliança com o proletariado e considerar o *Manifesto Comunista* – escrito por Marx e Engels, lançado em janeiro de 1848, quando a revolução socialista ameaçava o equilíbrio político da Europa – antes de tudo como um documento histórico. Por conseguinte um texto datado, que, se ainda muito nos diz a respeito do presente, precisa ser pensado tendo em vista seus interlocutores diretos. Cabe lembrar seu intento de intervir na política das organizações operárias, ampliar o campo de ação da antiga Liga dos Comunistas, ainda uma sociedade secreta dispersa pelas cidades da Europa, com o intuito de transformá-la num verdadeiro partido internacional. Documento que, além do mais, serviu de pauta para movimentos revolucionários posteriores, que, embora tentando abolir o Estado como pretenderam igualmente as facções anarquistas, propunham-se a tomá-lo de assalto, a fim de utilizar seus instrumentos de poder para extinguir a propriedade privada dos meios de produção, a exploração do trabalho pelo capital, e substituir a alocação de recursos feita pelo mercado por um planejamento centralizado e racional. No entanto, já antes do *Manifesto,* Marx acreditava que o proletariado, a classe mais oprimida e, por isso mesmo, nada tendo a perder com a Revolução, haveria de contestar todas as classes, sendo então capaz de instituir dialeticamente uma sociedade sem classes, capaz de se pôr a si mesma, portanto absolvida de toda determinação exterior. Mais tarde, em 1871, retira da experiência da Comuna de Paris a lição de que esse movimento de superar a luta de classes necessitaria de uma ditadura do proletariado, cujo caráter democrático seria mantido pelo fato desse poder emanar da maioria de uma sociedade que se tornava assalariada.

No entanto, quando a utopia assume o poder, como se costuma dizer da Revolução de Outubro, não ficaria negada a tese, divulgada pelo *Manifesto,* de que são as relações sociais de produção que determinam as políticas e as formações ideológicas que as nutrem? Não provaria a existência da União Soviética a tese contrária de que uma política pode ser imposta a uma sociedade civil dissolvida, pagando por isso o alto preço do terror? Um historiador como Martin Malia (*The Soviet Tragedy,* 1994), ao traçar a história do socialismo na Rússia, de 1917 a 1991, afirma explicitamente que o marxismo não possui instrumentos teóricos para pensar o fenômeno soviético, pois, se consiste numa forma de sociologismo, se toma as relações sociais como base para explicar a política, a religião e outras formas de sociabilidade, torna-se então incapaz de compreender o predomínio da política na tentativa de instalar a nova sociedade a partir de um projeto pré-concebido. Por isso recorre ao esquema da tragédia, pois assim o terror provocado pela tentativa de impor uma ideologia sobre toda a população pode ser pensado e vivido como destino despejando-se sobre os seres humanos. Mas situam-se as análises de Marx sobre o modo de produção capitalista no mesmo nível dos trabalhos de Durkheim e de outros autores da mesma linhagem? O caráter de coisa dos fenômenos sociais, mais do que o índice de sua objetividade, não indicará seu lado mistificado?

Somente o reestudo dos conceitos desenvolvidos por Marx poderá responder a esse desafio. Por enquanto, é preciso continuar ressaltando que suas teses não foram divulgadas pelos canais que nossa Ciência ou nossa Filosofia empregam normalmente: de um lado, as universidades, os institutos de pesquisa e as publicações especializadas, de outro, a mídia e a moda. Cruzaram o século pelos canais abertos por instituições políticas, os partidos comunistas e suas escolas, que desfraldaram a bandeira do comunismo. No início, essas instituições tiveram vida curta. A Primeira Internacional não resistiu aos movimentos contrarrevolucionários posteriores a 1848 e se dissolveu em virtude da luta de suas facções. A Segunda, fundada em 1869, comemorando a Revolução Francesa, não sobreviveu ao nacionalismo despertado pela Primeira Grande Guerra, de 1914 a 1918. Mas, nos estertores dessa guerra, o Partido Comunista Russo tomou, em outubro (novembro em nosso calendário), o poder, fundiu o partido no Estado e declarou o marxismo sua doutrina oficial. Se por uma vicissitude da história a Revolução proletária, ao contrário do que previa Marx, acontecia na periferia da Europa, o Partido Comunista da nova Rússia, cujo poder deveria emanar das organizações operárias e camponesas, os *soviets*, tentou corrigir esse incidente exportando a Revolução. Cria, para tanto, a Terceira Internacional Socialista, reunindo todos os partidos comunistas existentes no planeta e incentivando a criação de muitos outros. Como se sabe, ela foi antes de tudo instrumento do imperialismo soviético, a despeito de ter auxiliado importantes revoluções na periferia do sistema capitalista, mas, para nossos propósitos, importa lembrar que foi igualmente escola de marxismo.

Não cabe estudar aqui as vicissitudes dos movimentos socialistas, essa rara combinação de internacionalismo e nacionalismo. Nem mesmo examinar a utopia do marxismo, ou o próprio marxismo como inspiração teórica, cujos frutos marcaram profundamente as Ciências Sociais contemporâneas. Importa lembrar que as ideias de Marx se transformaram em verdadeiras forças sociais, na medida em que os partidos comunistas e suas organizações paralelas foram focos de divulgação do materialismo dialético, cuja propaganda visava objetivos políticos explícitos. Assim como as ideias religiosas cristalizadas na pessoa de Jesus Cristo tiveram na Igreja Católica, fundada pelos apóstolos e universalizada por Paulo, seu braço organizacional, as ideias sociais e políticas de Marx e de Engels, costuradas num manual de materialismo dialético (Diamat), encontraram nos partidos comunistas, pautados pelo apóstolo Lenin, seus instrumentos de divulgação e controle. É de notar que também o positivismo de Augusto Comte precisou de um catecismo, pois as filosofias panorâmicas do século XIX, para se converterem em visões do mundo implicando políticas de regeneração do homem, lançaram mão de cartilhas escritas para o povo. Se o marxismo foi, como ironizou o grande liberal Raymond Aron, o ópio dos intelectuais, se Jean-Paul Sartre, na década de 60, o tinha como o horizonte natural da Filosofia contemporânea, convém não se esquecer de que representou um movimento de ideias convertido em força social às vezes revolucionária, outras vezes contrarrevolucionária.

Mas se esse movimento social está em declínio, não é por isso que o marxismo está morto do ponto de vista da Ciência e da Filosofia. Por certo não mais se assiste ao combate da Economia marxista contra as correntes dominantes das teorias econômicas. Historiadores, sociólogos, antropólogos, geógrafos e outros cientistas sociais, que se diziam ou ainda se dizem marxistas, não mais precisam tomar posição diante das contradições do socialismo real. O colapso da União Soviética e das repúblicas populares do leste europeu, a abertura econômica da China, o fracasso dos regimes comunistas da Ásia e da África evidenciaram que a luta contra as misérias, instaladas pelo sistema capitalista, não implica qualquer compromisso com partidos comunistas de cunho leninista. Esse colapso reduz a pó a vulgata marxista, mas não impede que se continue a estudar as representações e as relações sociais da ótica do metabolismo que o homem mantém com a natureza, em suma, daquela que vê as relações sociais de produção imbricadas com o desenvolvimento das forças produtivas. No entanto, já o fato de se denominar "socialismo real" aquilo que pretendeu ter sido o socialismo de fato recoloca a velha pergunta a respeito do que se pode esperar do futuro homem em sociedade. Não se retoma assim uma questão filosófica que, antes de ser investigada, requer que se resolva em que plano pode ser pensada? Ora, o estatuto da Filosofia, o problema de sua realização, é um dos temas da reflexão de Marx. No entanto, mesmo quando se afirma que o socialismo é ainda a crítica mais radical do capitalismo, não se está repondo os escritos de Marx no contexto de um debate de ideias? Mas agora isoladas daquelas instituições políticas que as apresentavam como a última palavra da história. Não volta a ser uma questão filosófica afirmar que a crítica da Filosofia se faz graças à prática de revolucionar a sociedade em que essa Filosofia se aninha?

Aquele que pretendeu ter pensado o problema da verdade, sobretudo do ponto de vista prático, teria assistido à derrocada daquelas práticas sociais e políticas que se fizeram em seu nome. Este não é então o melhor momento para considerar sua obra no contexto dos marcos mais importantes do pensamento ocidental? Mas esse retorno a Marx ainda conteria um traço religioso se continuasse pretendendo regenerar o pensamento marxiano contra suas falsificações da vulgata marxista, reencontrar num *corpus* sua verdade originária, o verdadeiro e autêntico pensamento de seu autor. Somente quem toma a Bíblia Sagrada como a revelação da palavra divina pode aderir às investidas de Lutero e de Calvino contra as interpretações degeneradas que lhe dera uma Igreja em estado de pecado. Pelo contrário, a obra escrita ilumina-se a partir de certas perspectivas históricas, de certos vieses que alimentam modos de pensar e de ver, inscritos em nosso cotidiano. Como então pretender ouvir a voz de Marx descartando as experiências sociais que se fizeram em seu nome? Por mais despretensiosa que pretenda ser esta minha introdução aos seus pensamentos, ela há de levar em conta que está sendo escrita depois da derrocada do marxismo como força social. Por isso vamos adotar o termo "marxiano" para indicar o que é relativo ao próprio Marx, reservando o termo "marxista" às ideias e aos processos sociais que invocaram seu pensamento, mas com muita cautela. A separação é meramente didática, pois, assim como não se pode distanciar as teses de Aristóteles do aristotelismo, pois este as vai esclarecendo conforme elas mesmas se desdobram e se contorcem, também o pensamento de Marx esfolha seus sentidos, tendo no horizonte as vicissitudes do próprio marxismo. A caricatura às vezes revela traços profundos de uma personalidade. Mas desde já desponta a desconfiança de que, ao se declarar marxista, o intelectual pode estar correndo o risco de alinhar-se a uma corrente de ideias institucionalizadas, em vez de assumir desde logo a posição de leitor e de investigador. Não é contra essa institucionalização que o próprio Marx se negou ao recusar o rótulo de marxista?

II – Os primeiros escritos

Engels lembra que o marxismo funde a Filosofia clássica alemã, a Economia Política predominante inglesa e o socialismo francês. A interpretação mais divulgada da primeira corrente traz à luz uma visão muito peculiar do que existe, pois considera tudo o que é como um processo contraditório integrado ao movimento na Natureza transformar-se em Espírito, enfim, do Absoluto. Um evento é algo que é e deve ser ao mesmo tempo o que não é, no fluxo de sua espiritualização. Nesse ponto Marx se considera discípulo de Hegel. Graças à Economia Política, principalmente inglesa, aprofunda a ideia de que os processos de produção, distribuição, troca e consumo das mercadorias possui dinâmica própria, que escapa às intenções dos indivíduos. Retoma assim a famosa metáfora da mão invisível do mercado, formulada por Adam Smith (1723-1790), para interpretá-la como um movimento objetivado do sistema produtivo na sua totalidade. Finalmente, os escritos do conde de Saint-Simon (1765-1825) e de Charles Fourier (1772-1837), assim como os movimentos comunistas a que aderiu, inspiram-lhe o ideal de uma sociedade sem classes.

Obviamente, essas influências vão se configurando ao longo da vida de Marx. Este jovem alemão, de família judia, mas convertida ao protestantismo, nasceu em 5 de maio de 1818, na velha cidade romana de Trier (Renânia), e se forma nas universidades de Bonn e de Berlim. O jovem Karl não foge ao clima romântico de seu tempo, escreve poemas dedicados à amiga de infância Jenny de Westphalen – com quem se casa depois de muitos transtornos –, e se lança a toda sorte de experiência intelectual. No início pretende dedicar-se à Literatura, mas termina mergulhando nos estudos de Direito. No entanto, ao chegar a Berlim, em 1836, como escapar do debate sobre a filosofia de Hegel que repercutia por toda a Alemanha?

Nessa universidade, Georg Wilhelm Friedrich Hegel tinha pontificado de 1818 até sua morte, em 1831. Mas sua presença, além de ser notada nos mais variados campos do saber, adquirira um cunho eminentemente político, pois tanto os conservadores, aliados da monarquia absoluta de Frederico Guilherme III, rei da Prússia, quanto os liberais, que lutavam por uma monarquia constitucional capaz de assegurar as liberdades burguesas, apoiavam-se no princípio hegeliano de que o Estado constitui a manifestação histórica mais completa da razão. Não é novo este fenômeno de uma filosofia municiar linhas políticas opostas, mas somente o hegelianismo legitima uma política porque sua racionalidade coincide com a consumação dos tempos. Essa congeminação do passado e do presente converte o Estado numa espécie de silogismo, unificando a eternidade do pensamento com a ordem do tempo decorrido. É interessante notar desde já que, se Hegel faz do Estado racional moderno o fim da história, Marx perceberá no comunismo, responsável pela abolição desse Estado, o fecho da pré-história de toda a humanidade, término do ciclo da exploração do homem pelo homem, umbral da verdadeira história, que abrirá para o ser humano a possibilidade de desenvolver plenamente suas capacidades racionais. As duas teorias não conservam por conseguinte traços de uma escatologia leiga? Nessas condições, não é estranho que a questão da racionalidade se converta numa questão política.

O idealismo alemão foi o palco em que se encenou essa imanência da consumação dos tempos. Com ele Marx já se defronta no primeiro ano letivo (1836/7) que passa na Universidade de Berlim. Frequenta aulas de Direito, mas paulatinamente vai sendo empurrado para os estudos de Filosofia. Ao contrário da dispersão do ano anterior, instalado em Bonn (seu pai reclama que gastara mais dinheiro do que previa), agora se dedica intensamente ao trabalho. Como está sempre anotando o que lê, projetando livros nunca acabados, temos à nossa disposição uma enorme quantidade de papéis que trazem pistas de seu trajeto intelectual. Na extensa carta a seu pai, de 10 de março de 1837, este jovem de 19 anos já desenha em breves palavras um daqueles desafios que o perseguiriam ao longo de sua vida: "Liberando-me do idealismo que eu tinha nutrido de elementos fichtianos e kantianos, passei a procurar a Ideia na própria realidade. Os deuses que antes tinham se sentado acima da Terra agora vinham para o seu centro." Por mais que lhe repugne o caminho tortuoso demarcado por Kant, Fichte e Hegel, por mais que recuse o misticismo da Ideia, no sentido hegeliano (que une o ser e o pensar num movimento reflexionante onde a regra põe seu caso), por mais que se debata contra os encantos da racionalidade do Espírito, aos poucos se deixa entranhar por essa linguagem e por esse modo de pensar. O inimigo penetra, como ele mesmo confessa ao pai, no íntimo de seu pensamento, mas precisando ser trazido do céu para a terra, virado de ponta-cabeça, a fim de que a descrição do caminhar para o sublime do Espírito se converta na pesquisa de seu funcionamento concreto e material. Em poucas palavras, no lugar do desenvolvimento do Absoluto pretende colocar a história.

Mas esse fascínio, como já lembramos, é tanto pela nova teoria quanto pela política que dela se segue. Durante o semestre do inverno de 1838/39 começa a frequentar o "Clube dos doutores", onde universitários liberais se engalfinham por causa de Hegel, em particular sua concepção de Estado. Em 1821, o filósofo publicara *Delineamentos da Filosofia do Direito*, estabelecendo as bases do Estado racional. A dificuldade é que essa racionalidade determina tanto o que é quanto o que deve ser, de sorte que conservadores e liberais podiam puxá-la cada um para o seu lado. Kant cindira moralidade e legalidade, a primeira dizendo respeito às ações livres e por dever, a segunda implicando ações que, embora devendo ser livres, reconhecem a necessidade de um ordenamento jurídico capaz de enquadrar o conteúdo dessas ações, cuja determinação moral, contudo, se faz exclusivamente por sua forma. Se para Hegel o real é aquilo que é e ao mesmo tempo deve ser, a moralidade subjetiva externaliza-se nos costumes e instituições, configurando uma legalidade que tende a se pôr como a Ideia da liberdade. O bem visado subjetivamente efetiva-se no nível das instituições racionais, da moralidade objetiva, da eticidade (*Sittlichkeit*), cujo processo de determinar-se a si mesma desenha o curso da história. Esse processo se determina pelo jogo do vir a ser da família e das corporações constituintes da sociedade civil-burguesa (*bürgerliche Gesellschaft*). Nesta figura, Hegel reconhece aquela esfera objetiva, estudada pelos economistas ingleses, em que os fins particulares se coadunam para desenharem nova forma de vida coletiva. Os interesses da família, assim como os interesses antagônicos entre si das corporações, formam teia contraditória que se resolve graças à instituição do Estado, cujo perfil definitivo só se delineia com o advento da sociedade burguesa. O Estado ganha então sua identidade conciliando os conflitos da sociedade civil, reduzidos a momentos de sua racionalização. Essa sociedade já constitui uma espécie de Estado material, de ordenamento coletivo, mas, ao conciliar os princípios da família com as contradições de interesses classistas numa Ideia, que se põe como liberdade objetivada, resolve-se naquela figura capaz de conferir plena realidade a essa Ideia, na medida em que manifesta uma vontade substancial que se pensa e se sabe, assim como implementa o que sabe conforme sabe. Se o Estado é forma racional do coletivo, se sua racionalidade implica a universalidade da lei decidindo sobre o caso, dentre todas as formas de Estado a mais plena e compatível com a razão só pode ser a monarquia constitucional, porquanto configura a universalidade da lei na singularidade da decisão de um indivíduo.

Como situar, nesse esquema, a monarquia de Frederico Guilherme III e de seu sucessor? Os conservadores nela percebem o exemplo mais completo do Estado hegeliano, pois seus aspectos retrógrados são compensados pela harmonia de suas partes. Sob esse ângulo, não é mais desenvolvido do que o Estado francês, cujas partes dispersas são unificadas por um elo positivo, por conseguinte amoral? Pelo contrário, dirão os liberais, a constitucionalidade é dever ser do Estado e por isso fim que ele deve perseguir, precisamente para superar o atraso determinado pela herança do passado medieval. Como um Estado racional pode pretender ser absoluto e manter-se cristão? Esses jovens liberais haviam depositado muita esperança no filho do rei que, entretanto, coroado como Guilherme IV em 1840, é o primeiro a fazer sentir sobre eles o peso de sua censura.

Para combater a profissão de fé cristã desse Estado prussiano adotam a estratégia iluminista de atacar a religião em geral, recusam o absolutismo demolindo sua fé, visando assim transformar a filosofia racional no parâmetro da prática política. Em 1840, os encontramos reunidos em torno de Arnold Ruge e de sua revista, os *Anais de Halle para a Ciência e as Artes alemãs*. Pouco a pouco essa publicação se politiza e entra em confronto com os hegelianos conservadores aglutinados em volta dos *Anais de Berlim*. Os novos hegelianos pretendem, explica Ruge em um de seus artigos, agir para transformar o mundo, empunhando a arma da crítica filosófica, defendendo a pura racionalidade como tal. Desse modo, conforme a Filosofia se torne verdadeira, "mais ela deliberadamente se opõe ao espírito morto, ultrapassado pela história". Aparece o tema, caro a Marx, da realização da Filosofia. Um texto dessa época, deixado na gaveta, descreve como, em certas épocas, Filosofia e mundo se unem. Isso aconteceu nos tempos de Aristóteles e de Hegel. Mas em seguida os dois elementos se separam, cabendo então de novo à Filosofia reencontrar a unidade perdida num plano superior: "Do mesmo modo como há na Filosofia momentos essenciais, em que os princípios abstratos assumem o caráter de uma totalidade concreta, interrompendo-se assim seu desenvolvimento linear, há também momentos em que a Filosofia, opondo-se ao mundo, não mais se esforça para compreendê-lo, mas trata de agir praticamente, tecendo por assim dizer intrigas com ele". E continua afirmando que, "ao se tornar um mundo independente, a Filosofia se volta contra o mundo objetivo" (*MEGA* (*Historische-Kritisch Gesamtausgabe, Moscou*), I, 131/132). Tempos depois continuará escrevendo: "O fato de que toda verdadeira Filosofia é a quintessência espiritual de seu tempo implica que necessariamente chega o momento em que a Filosofia entra em contato com o mundo, não simplesmente de maneira interior, por seu conteúdo espiritual, mas de maneira exterior, pela própria forma de que se reveste. Cessa então de ser um sistema que se opõe a outro sistema, torna-se a Filosofia que se opõe ao mundo, a Filosofia do mundo presente" (*MEGA*, I, 243).

A partir daí monta seu projeto de tese de doutoramento. Contando com o apoio do amigo Bruno Bauer, professor na Universidade de Bonn, pretende obter os créditos que lhe permitiriam ingressar na carreira universitária. No início, a pesquisa é ambiciosa, procurando abarcar o conjunto da filosofia da consciência grega, mas acaba reduzindo-se ao estudo das diferenças entre as filosofias da natureza de Demócrito a Epicuro. Nesse momento do espírito grego, acredita Marx, o pensamento se distancia do mundo e se recolhe em si mesmo numa consciência infeliz. De evidente inspiração hegeliana, o texto procura descobrir como o pensamento, embora distante do mundo, mantém com ele estranha conivência. Daí o interesse pela filosofia da natureza como estratégia para superar a letra do sistema hegeliano, embora mantendo as estruturas fundamentais de sua lógica. A tese é apresentada, em 1841, na Universidade de Iena, Marx porém logo percebe que não conta com os apoios necessários para entrar no recinto fechado da Universidade e o sonho termina quando Bauer, em 1842, é expulso dela por causa de suas atividades políticas.

A tentativa de escapar do hegelianismo, sublinhando os aspectos concretos, naturais e históricos do desenvolvimento da Ideia, encontra raízes na própria maneira de Hegel pensar o Conceito. Desde que este seja ao mesmo tempo o conceito de seu ser, por conseguinte mais do que mera representação universal; desde que esteja sempre reproduzindo a reflexão do eu que se pensa a si mesmo, todo ser determinado tende a mover-se como um universal substantivo que se particulariza para encontrar sua singularidade. Como toda substância, ele é sujeito, processo de descobrir no seu outro sua identidade particular. Ao dar ênfase ao processo da natureza transformar-se em Espírito, Marx acredita estar escapando da maquinaria conceitual montada por Hegel. Sob esse aspecto, Epicuro torna-se autor estratégico, pois, ao reconhecer o caráter racional da natureza, liberta o homem do medo do desconhecido e faculta a reconciliação do universal com o singular, cujo movimento ocorre num plano meramente objetivo, aquele do gênero com os indivíduos da sua espécie. Daí a importância que a noção de ser-genérico (*Gattungswesen*), a realidade natural como espécie refletindo-se sobre si mesma, assume nos primeiros escritos de Marx.

O homem é um ser genérico, vive totalizando sua espécie. A liberdade individual, subjetiva, não é eficaz enquanto não se encarnar numa instituição objetiva onde possa realizar-se coletivamente. Por isso a atividade crítica deve denunciar os obstáculos que impedem a plena racionalidade dessas instituições, em particular, do Estado. Quando este se declara cristão não tisna sua racionalidade? Para Hegel, Religião e Filosofia têm o mesmo objeto, pois ambas tratam do Absoluto, mas o fazem sob aspectos diferentes, pois, enquanto a Religião o pensa no plano inferior da representação, a Filosofia o pensa dialeticamente, no plano de sua própria racionalidade. Não cabe radicalizar essa distância e mostrar o caráter irracional da própria religião? Mas desse ponto de vista a religião passa a ter outro conteúdo.

III – A esquerda hegeliana

Para realizar essa tarefa, a esquerda hegeliana abre dois frontes. De um lado, procura dissolver o mito de Jesus, explorando sua realidade histórica. D. F. Strauss escreve *Vida de Jesus*; Moses Hess, politicamente o mais radical de todos, primeiro defensor de uma filosofia da práxis e da regeneração do homem graças à abolição da propriedade privada, publica *A triarquia europeia* e, mais tarde, *A história sagrada da humanidade*; Bruno Bauer, num tom jocoso, *A trombeta do juízo final.* Cabe, porém, a Ludwig Feuerbach articular a outra trincheira, desmontar os próprios conceitos religiosos, denunciando seu caráter antropológico. *A essência do cristianismo,* de 1851, teve enorme sucesso, a ponto de Engels mais tarde afirmar que, naquele momento, todos tinham se tornado feuerbachianos. Exagero talvez, pois Marx, numa carta a Ruge de 27 de abril de 1842, ao comentar um artigo extenso que preparava sobre a religião e a arte em geral, no seu relacionamento com a arte cristã, já procura distanciar-se de Feuerbach, colocando-se em "oposição [a ele no] que concerne não ao próprio princípio, mas à maneira de concebê-lo". Mas todos pretendiam aderir a Hegel, aceitando seus princípios sem adotar boa parte de suas teses.

Quais são os principais tópicos do pensamento de Feuerbach? Para ele, as figuras da religião se resolvem em modos sublimados de lidar com as vicissitudes de nossas vidas cotidianas. A Sagrada Família não configura no espelho de nossa alienação a estrutura da família terrestre? Daí sua crítica à lógica hegeliana: em vez de partir da identidade do ser e do nada, é preciso começar tomando a natureza como ponto de partida e verificar, como, no seu caminhar para o Espírito, ela deixa obstáculos que escapam do processo racional, alienam a essência genérica do homem, os quais devem então ser vencidos a fim de que essa essência se manifeste como plena liberdade. É preciso, pois, recuperar a generalidade do homem por meio do amor à humanidade, já que o homem é Deus para o homem, sendo ele mesmo seu princípio prático e supremo. Isto não marca para sempre a história do mundo e do próprio homem? Ao voltar-se para a história Feuerbach imagina contrariar Hegel. Acusa-o de inverter a relação que o infinito-especulativo mantém com o finito-empírico, ao transferir a prioridade deste para aquele, pois, considerando o especulativo como a própria essência do real, cristaliza-o numa forma que se aliena do homem. Cumpre, assim, voltar-se para a natureza, substituindo o imaginário espírito do mundo pelo espírito vivo do homem real.

No entanto, essa reviravolta do espírito, cuja infinidade será enxergada no próprio finito, não periga cair numa filosofia da natureza, próxima daquela proposta por Friedrich Wilhelm Joseph Schelling (1775-1854), segundo a qual o caminho do finito para o infinito não requer a superação dos termos contraditórios? Como conservar o movimento constituinte da tríada hegeliana – tese, antítese, síntese, universal particularizando-se no singular –, responsabilizá-la por qualquer diferenciação, quando o princípio é um pressuposto natural a escapar de qualquer processo de reposição?

De certo modo, Feuerbach estava repercutindo a polêmica que se travava em Berlim. Em 1841, no mesmo ano em que publica *A essência do cristianismo*, o governo prussiano chama Schelling para lecionar nessa cidade, esperando que o antigo colega de Hegel, mas agora seu inimigo feroz, asfixiasse "a semente do dragão do panteísmo hegeliano", como diz o convite oficial, e contivesse o liberalismo dos discípulos mais extremados. A expectativa é grande. Na *Aula magna,* da Universidade, aglomeram-se oitocentos alunos, dentre os quais Sören Kierkegaard, Jacob Burckhardt, Friedrich Engels e Michael Bakunin. Contra o que consideram um retrocesso aos avanços de Hegel, a esquerda contra-ataca denunciando a pretensa mistura, feita por Schelling, entre fé e religião. Em defesa dos princípios do hegelianismo, Engels escreve três artigos densos, Bakunin, outro, ambos defendendo a necessidade de reconhecer uma racionalidade no mundo, o caráter lógico contraditório dos fenômenos, em oposição ao "irracionalismo" de Schelling. Interessante é que se, nesse momento, lutam na mesma trincheira, a diferença que os levará a uma inimizade mortal já dorme nesses textos de combate, pois enquanto Engels faz a defesa da racionalidade radical do mundo, Bakunin ataca os adeptos da filosofia positiva de Schelling em nome da religião da liberdade.

Por certo todos eles leem Hegel à sua maneira, sublinhando o espírito em vez de se aterem à letra do texto. Do mesmo modo, tomam Schelling pelos cabelos, visando mais seus reflexos políticos do que a coerência interna das ideias, ignorando tudo o que ele digere e condensa do idealismo alemão. Arnold Ruge não poupa impropérios contra este "insolente fantasma e manifesto renegado da Filosofia"(Obras completas, V, 22, em Auguste Cornu, *Karl Marx et Friedrich Engels*, 1955, I, 252, n.3). A esquerda ensaia o vocabulário que ela empregará durante todo o século XX. Em suma, defende-se Hegel recusando suas teses em nome de seus princípios e incrimina-se Schelling por ter se desviado deles. A estratégia dá certo, o filósofo termina seus cursos, em 1846, com 29 alunos, retirando-se com a pecha de reacionário.

Convém notar que já estão postas as peças do jogo que transformará a dialética numa questão política. Contra Schelling, que continuará mantendo um abismo intransponível entre essência e existência, estas incapazes de encontrar uma síntese superior no nível do próprio conceito, em suma, incapazes de superação (*Aufhebung*), é preciso recuperar a predominância de um universal concreto que pode suportar a contradição. Mas também é preciso evitar o misticismo característico da lógica hegeliana, retirar da Ideia a capacidade de pôr a própria realidade e de se confundir com ela. Tarefa difícil ao pretender conciliar a identidade do ser e do pensar com a profissão de fé materialista.

A polêmica concentra-se em torno da filosofia da religião e do Estado. Se este, como lembramos, é para Hegel a mais alta formação espiritual histórica, superando as contradições de classe vigentes na sociedade civil, no seu lugar, propõem Marx e Engels –, que começam a trabalhar em conjunto –, há de ser posta a história, o desenvolvimento efetivo do espírito humano. Em vez do resultado, o processo. Em virtude da divisão do trabalho, o homem perde o controle de sua essência genérica, só podendo recuperá-la quando uma classe resumir o processo histórico conforme esvazia seu conteúdo de classe e termina se negando como classe. Quando isso acontecer, a alteridade do homem genérico desaparecerá, e, com ela, a alienação do Estado. Mas o processo não continua ligado a uma forma substancial?

Este esquema será retrabalhado em vários níveis, mas, já nessa sua formulação mais abstrata, evidencia sua relação ambígua com a lógica hegeliana. De um lado, afirma um princípio lógico operando no real: um universal, a essência genérica do homem, se particulariza por causa do aparecimento da propriedade privada, mas que será capaz de se recompor quando uma classe concentrar em si mesma toda a força do negativo. De outro, esse movimento constitui processo histórico desligado do Absoluto. A história é a união da natureza e do espírito, dirão eles. Mas, para que esse espírito não consuma toda a natureza, permanece um fundo que escapa ao conceito, o que desperta o fantasma de Schelling.

No entanto, não é na Lógica que o debate se trava. Interessa a todos os jovens hegelianos projetar o Estado nessa história, mas frisando o intervalo que se abre entre sua pretensa racionalidade e sua irracionalidade de fato, marcada por sua confissão religiosa. Por isso lutam para que ele se torne laico. Mas, nessa luta, alguns se radicalizam, associando-se aos movimentos socialistas e comunistas, passando então a pregar a abolição do próprio Estado. Entre eles, porém, já surge uma diferença que com o tempo só aumentará. Um grupo pretende negá-lo para colocar no seu lugar aquela forma de associação, já entranhada na sociedade contemporânea, que a razão descobrirá e organizará. Por isso combatem por todos os meios qualquer forma de política utópica. Em contrapartida, outro grupo politiza qualquer decisão feita em nome dessa razão, enaltecendo a "volúpia de destruir [que] é ao mesmo tempo a volúpia criativa", como escreve Bakunin no final de seu artigo, *A reação na Alemanha*. Ao negar o Estado, os primeiros vão procurar converter os movimentos socialistas e comunistas em partidos políticos pautados por um programa racional; os segundos vão se opor a qualquer forma de organização estável. Ambos se aliam com o intuito de forçar pelas armas a eclosão da nova sociedade, fazer eclodir a Revolução, mas diferem por seus métodos políticos. É de notar, porém, que essa diferença, transformando-se em ódio quando os protagonistas se identificarem como marxistas e anarquistas, se move no mesmo universo conceitual, pois todos estão retirando da política qualquer lógica interna. Uns em nome de uma razão objetiva, outros, porque fazem da liberdade arma contra qualquer estrutura partidária estável. Se tratam de pôr a sociedade em movimento, os futuros marxistas pretendem que primeiro a Filosofia e depois a Ciência penetrem nas massas, enquanto os futuros anarquistas, alimentando o germe de solidariedade e liberdade que a alienação capitalista plantou, visam reiteradamente o novo além de qualquer estruturação social. Não é à toa que o fantasma de Schelling ronda as duas correntes em luta, pois a contraparte da dialética hegeliana é a proposta schellingiana de uma positividade aquém do próprio pensamento.

Muita água passará sob esse moinho antes de Marx completar a arquitetura de suas ideias. No entanto, logo no início de sua carreira já se encontram *in nuce* os elementos que serão desenvolvidos muito mais tarde, marcando-a para sempre. As diversas maneiras pelas quais vai digerindo a dialética idealista indicam como se reporta ao quadro teórico delineado pelo idealismo alemão. Por mais que se consagre ao estudo da realidade capitalista, seus adversários sempre imputarão ao seu pensamento o defeito da Metafísica. Mas não seria metafísica a própria realidade do capital?

IV – O GALO FRANCÊS E A REVOLUÇÃO NO PENSAMENTO

Voltemos aos tempos de juventude. No meio desse vendaval político e ideológico Marx funciona como uma espécie de esponja, absorvendo as mais variadas influências, tirando de cada uma os elementos com que pretende compor um grande sistema de conhecimento. Mas, conforme avança, o foco muda de lugar, caminhando da Filosofia para a crítica da Economia Política. Cabe-nos indicar os marcos desse longo percurso. Frustradas suas expectativas de fazer carreira universitária, seja porque perde o apoio de Bruno Bauer, seja porque radicaliza sua oposição ao governo prussiano, em particular quando entra em conflito com a Dieta renana por causa da prisão do bispo de Colônia, não lhe resta outro caminho do que ganhar a vida como jornalista político. Por isso aceita o convite para dirigir a *Gazeta Renana, para a política, o comércio e a indústria*, fundada em Colônia por líderes liberais. Nesta nova função, tem a oportunidade de se ocupar de assuntos do momento, aumentar sua familiaridade com as lutas sociais, mas termina despertando a ira do governo de Berlim, ao criticar sua conivência com política exterior russa. O jornal é fechado pela censura em março de 1843.

Pouco a pouco, a esquerda hegeliana vê estreitar-se o espaço do jornalismo político onde imaginara poder centrar sua luta. Sem saída, numa Alemanha dividida em 36 Estados de variada grandeza e importância, procura apoiar-se nos grupos de emigrantes espalhados pela Europa e imagina poder influir na política interna, graças a uma ação desenvolvida no exterior. Enquanto Bruno e Edgar Bauer juntam-se a Max Stirner numa revolta anárquica e individualista, Ruge, Hess e Marx tratam de publicar, em Paris, um novo periódico, *Anais franco-alemães,* com a tarefa de aglutinar revolucionários de ambos os lados do Reno, a fim de que a experiência política francesa, associada ao pensamento alemão, pudesse chegar até as massas. É assim que, no fim de outubro de 1843, Marx, recém-casado, chega a Paris. O único e o primeiro número da revista não consegue colaboração nem dos franceses nem dos alemães vivendo na Alemanha. É curioso que Feuerbach se nega a enviar um artigo contra Schelling, conforme pedido feito por Engels. Somente escrevem emigrados, sendo Marx e os poetas Erwegh e Heine os mais conhecidos. O mau começo termina em fracasso editorial, quando boa parte dos exemplares é apreendida nas fronteiras da Prússia e da Bavária. A despeito do sucesso da revista nos lugares onde consegue penetrar, a empreitada não prossegue, e Marx começa a sofrer as penúrias do exílio.

No entanto, os dois artigos que publica, um sobre a questão judaica e outro, uma introdução à crítica à filosofia do direito de Hegel, marcam pontos importantes no seu desenvolvimento intelectual. Em particular, o foco da crítica deixa de privilegiar o Estado para concentrar-se nos fenômenos da sociedade civil-burguesa, que passam então a ser criticados do ponto de vista do proletariado, o único capaz de refazer a sociedade por inteiro. Inicia-se a longa ruminação que o levará à crítica do capital e a participar da política com o intuito de substituir as utopias revolucionárias por uma concepção racional e científica da realidade. De agora em diante, a maior parte de seu tempo será consagrada ao estudo das teorias e dos problemas econômicos, assim como à tarefa de unificar os movimentos socialistas e comunistas numa organização internacional.

Nos *Anais franco-alemães*, Marx publica parte de uma minuciosa crítica da teoria hegeliana do Estado, que estava a redigir. Porque resume seu projeto filosófico, vale a pena analisá-la com certo cuidado. Começa reconhecendo que Feuerbach terminara, para toda Alemanha, a tarefa de criticar a religião, pois mostrara como é inventada pelo próprio homem, ao tomar consciência, no plano etéreo do sublime, dos conflitos reais de seu mundo cotidiano. A descoberta de que o homem é para o homem o Ser Supremo viabiliza a crítica da sociedade e do Estado reais. Mas, se os humanos produzem a religião como "consciência do mundo invertida", é porque eles mesmos já vivem num mundo invertido. Para retomar contato com a realidade é preciso, para cumprir a mesma tarefa de superar a inversão, reverter o modo pelo qual Hegel pensa a relação natural do sujeito com o predicado. Este, enquanto conceito, universal, não é, de modo algum, capaz de pôr o sujeito como seu caso. Censura, aliás, totalmente descabida, pois Hegel é o primeiro a sublinhar a impotência da predicação, viciada por conteúdos representativos, no trato dos movimentos do Conceito. Deixemos de lado, entretanto, esse ponto, pois nos basta ressaltar que, depois de Feuerbach ter pretendido substituir conexões lógicas e racionais por uma lógica do real ligada à sensibilidade, Marx, por sua vez, substitui essa sensibilidade pela práxis humana. Recusa toda e qualquer forma de materialismo tradicional, limitado a considerar o objeto, a realidade e a própria sensibilidade como algo, mero objeto isolado da atividade humana sensível. Se o objetivo é voltar às próprias coisas, ao homem como produtor de sua própria história, só importa colocar a Filosofia a serviço dessa história, continuar a crítica da religião procedendo à crítica das instituições jurídicas e políticas, àquelas formas estruturantes do mundo invertido. O instrumento será aquela investigação filosófica capaz de negar-se a si mesma e converter-se em prática revolucionária, graças a uma aliança com a classe que traga em seu bojo o germe da desalienação. No contexto desse projeto, a crítica alemã ocupa posição ambígua, ao mesmo tempo atrasada e privilegiada. A Alemanha, em virtude de seu atraso, está abaixo do nível da história, de sorte que a atual luta política alemã enfrenta o passado dos povos modernos. Por exemplo, ao invés de se ocupar com a indústria e a criação da riqueza de modo geral, enreda-se no combate a barreiras alfandegárias e toda sorte de obstáculos de cunho local, colocando no nível nacional um processo que já se dá no nível internacional. Nessas condições, não é de estranhar que essa luta política se espiritualize como confronto filosófico: "Como os povos antigos vivenciavam sua pré-história na imaginação, assim nós, alemães, vivenciamos nossa pós-história no pensamento, na *Filosofia*. Somos contemporâneos *filosóficos* do presente, sem ser seus contemporâneos históricos. A Filosofia alemã é *o prolongamento ideal* da história alemã" (*MEW* (*Marx, Engels Werke,* 1961), I, 383). Desse modo, para combater o atraso é preciso negar e superar a Filosofia, fazer com que suas concepções totalizantes – pensamento da política praticada por terceiros, em particular pelos franceses – se resolvam numa prática revolucionária. No entanto, se "a arma da crítica não substitui a crítica as armas", essa Filosofia unicamente se tornará práxis quando se aliar com aquela parte da sociedade que representa seu avesso, sua pura negatividade, a qual não sendo nada pode, por isso mesmo, pretender ser tudo. "Como a Filosofia encontra no proletariado suas armas *materiais,* do mesmo modo o proletariado encontra na Filosofia suas armas *espirituais*. Logo que o raio do pensamento fender profundamente o solo do povo ingênuo, então se realizará a emancipação do *alemão* em *homem*" (*MEW*, I, 391).

Pedregoso será esse caminho de volta às próprias coisas. Ao pretender inverter a lógica hegeliana, por enquanto Marx está apenas dando-lhe outra formulação, embora a recheie com um conteúdo político. Se o homem aliena suas forças vitais e genéricas no mundo etéreo da Lógica, da Religião e da Filosofia do Estado, a crítica filosófica só poderá livrar-se de sua impotência e reatar com o presente, se aliar-se a uma classe, o proletariado, capaz de representar o ponto negativo desse presente, cuja potência negadora só poderá efetivar-se quando se apropriar da própria lógica da crítica, a única que há de trazer-lhe a consciência de sua negatividade. Desse modo, a emancipação da Alemanha atrasada far-se-á concomitantemente àquela emancipação da classe incapaz de perder alguma coisa além de seus próprios grilhões. A desalienação da parte negativa da sociedade será seguida pela desalienação das outras partes, instalando o homem novo na sua plena vontade de ser.

Desde já duas dificuldades se colocam. Em primeiro lugar, a Filosofia a ser negada configura a autoconsciência do mundo que, a despeito da distância assumida em relação a esse mundo, logra pensar sua quintessência. Mas essa característica vale para toda e qualquer filosofia, ou somente para a filosofia hegeliana? No fundo, Marx está assumindo o pressuposto de que o sistema hegeliano resume a Filosofia em geral. Em segundo lugar, com que direito e com que meios o proletariado, o lado negativo da sociedade, se põe como o positivo para si que, além de tomar consciência de seus próprios limites, é capaz de se propor como a totalidade do homem emancipado e, ao mesmo tempo, cumprir a tarefa de regeneração da humanidade como um todo? Se a história é, como dirá Marx um pouco mais tarde, a história da luta de classes, por que devemos ler esse antagonismo segundo os cânones do movimento do Conceito hegeliano, em que uma oposição vem a ser uma contradição que traz em si mesma o empuxe de sua superação numa identidade superior e espiritual? Em poucas palavras, como a dialética especulativa há de servir de modelo a um novo materialismo? A primeira dificuldade não será discutida, pois Marx toma de barato que Hegel resume toda a História da Filosofia, culminando o Idealismo alemão. A segunda será reformulada quando Marx substituir a lógica do sensível prático pela lógica do capital. Este será então pensado como se movendo pela **ilusão necessária** de constituir um movimento circular, simulacro do bom infinito e do Absoluto, absorvendo por conseguinte todos os elementos da produção de riqueza sem deixar nada de fora. Mas até que ponto uma ilusão, a despeito de entranhar a realidade das relações sociais de produção capitalista, consegue desempenhar o papel, atribuído por

Hegel à categoria de Absoluto, de abarcar por inteiro a realidade efetiva em todos os seus matizes?

Percebe-se como o materialismo dialético vulgar, por mais sofisticada que venha a ser sua formulação, caracteriza-se por ignorar tais questões. Primeiro, toma todo e qualquer ente como uma contradição, sem explicar como vem a ser possível que se fale dele, como é dito algo sobre o que não é algo, desprovido como está de qualquer identidade estável. Segundo, transforma a dialética materialista numa lógica empírica: "se Marx assim pensa, assim opera o pensamento dialético". Desse modo, haveria duas lógicas: Lógica formal, inferior porque só pensa na base da identidade, e outra mais ampla, a Lógica dialética, cujo paradigma é constituído pelas obras de Marx. Um pensamento alienado e burguês, outro, livre e proletário.

V – Conversão à Economia Política

Voltemos, porém, à história do próprio Marx. De outubro de 1843 até sua expulsão do território francês, em fevereiro de 1845, desenvolve enorme atividade intelectual e política, a despeito da precariedade de sua situação econômica. Entra em contato com as sociedades secretas de cunho socialista, conhece J. P. Proudhon e outros líderes da esquerda revolucionária, publica alguns escritos importantes em *Vorwaerts* (Avante), um periódico de emigrados, e redige os extraordinários textos que, integralmente publicados somente em 1932, sob o nome de *Manuscritos de Economia Política e de Filosofia,* tiveram grande influência na reavaliação do pensamento marxiano, quando o materialismo dialético da Terceira Internacional começa a ser repensado. Como de costume, projeta uma obra imensa que haveria de compreender uma crítica da Economia Política nas suas relações com o Estado, a Moral e o Direito, mas termina esboçando apenas a primeira crítica, dando toda ênfase à problemática do trabalho alienado, vale dizer, daquele trabalho vivo que encontra sua medida, por conseguinte todo seu ordenamento, num produto que escapa das mãos do agente. A partir de sua publicação integral, esses textos alimentaram as principais teses que os humanistas colheram nas obras de Marx, e uma enorme polêmica se travou para determinar se autor maduro, conforme se adentra na Economia Política, se mantém fiel a suas posições de juventude. Haveria um corte epistemológico, como pretende Louis Althusser? Ou o corte seria sobretudo político, como defende Michel Löwit? Acredito que as duas teses são defensáveis, mas tendo a pensar que a ruptura se dá sobretudo a partir do momento em que Marx, afastando-se definitivamente de Feuerbach e compreendendo o alcance da teoria do valor-trabalho, elaborada por David Ricardo, formula sua noção de capital, cujo desdobramento meramente conceitual substitui a lógica do sensível. Em vista disso, o mundo invertido das relações sociais adquire estatuto ontológico muito particular, que permite o emprego sistemático da contradição no sentido hegeliano da palavra, de sorte que todos os conceitos produzidos pela análise do trabalho alienado são torcidos para adquirir novos significados.

Essa questão precisa ser melhor analisada. Um passo importante no seu aprofundamento ocorre na primeira parte de *A ideologia alemã,* livro escrito no exílio de Bruxelas. Entre 1845 e 1846, Marx e Engels, desde então o amigo inseparável que lhe dará amparo durante todo o resto de sua vida, resolvem fazer o balanço da ruptura com os jovens hegelianos, a qual nesse momento se completa. Se o homem, dizem eles, constrói seu próprio ser no decurso do tempo, vale dizer, na história, a ciência da história (a História) passa a ser a única ciência, cujo objeto, o próprio homem, é visto como um momento ligando natureza e espírito. Ao contrário da filosofia hegeliana, que relativiza qualquer começo, qualquer pressuposto, pois o pensamento sempre anda em círculo, Marx e Engels reafirmam a necessidade de selecionar aqueles pressupostos que o próprio homem põe como condição de seu ser. Primeiro: os indivíduos são corporalmente determinados de maneira a serem capazes de produzir seus próprios meios de vida; a forma pela qual esses indivíduos agem determina um **modo de vida**, configurando o que produzem e como produzem, em suma, o que são. Segundo: essa produção implica aumento progressivo da população e de suas necessidades, de sorte que os indivíduos passam a manter entre si um **intercâmbio** (*Verkehr*), cuja forma está condicionada pela produção. Terceiro: esse intercâmbio mobiliza forças produtivas e se configura quer internamente, conforme o trabalho se divide entre indivíduos e famílias formando uma nação, quer externamente, pondo em contato nações entre si. O grau de desenvolvimento das forças produtivas de uma nação está ligado à complexidade da divisão do trabalho, cuja diferenciação demarca diferentes formas de propriedade. Nesse processo paulatino de diferenciação do material, do instrumento e do produto do trabalho coletivo, a primeira forma de propriedade é aquela em que ainda avulta o trabalho familiar; a segunda, comunal e estatal, quando essas famílias tribais se reúnem por contrato ou conquista para formar uma cidade – e os autores continuam examinando diferentes formas de propriedade até chegarem ao estudo da propriedade privada moderna, baseada no contrato entre o proprietário dos meios de produção e o trabalhador desprovido deles, por conseguinte incapaz, assim, de se realizar materialmente como ser humano fora dessa relação. Em resumo, os homens têm *história* porque devem produzir sua vida, e devem fazê-lo de *determinado* modo. Os constrangimentos iniciais determinados por sua organização física vão se complicando até determinar a própria consciência.

A forma de intercâmbio, condicionada pelas forças de produção existentes, dentre as quais se acrescenta a própria colaboração exigida pela divisão social, constitui a sociedade civil, cujo desdobramento culmina na sociedade burguesa: "A sociedade civil, como tal, desenvolve-se apenas com a burguesia; entretanto, a organização social, que se desenvolve imediatamente a partir da produção e do intercâmbio e que forma em todas as épocas a base do Estado e do resto da superestrutura idealista, foi sempre designada pelo mesmo nome" (DI (*Die Deutsche Ideologie,* 1957, Dietz Verlag. I 33) – tr. Bruni, 53). Em outras palavras, "*bürgerlische Gesellschaft*" designa a articulação do intercâmbio social com as forças produtivas, cuja forma desenvolvida consiste na sociedade burguesa.

Cumpre tomar esse movimento reflexionante do sistema produtivo como base da consciência, do Estado e outros modos de representação. A consciência é o ser consciente do homem, a forma dele reportar-se às suas condições de existência, de sorte que também ela é produto da história, marcada pelas formas de divisão do trabalho, cuja origem se confirma quando o trabalho material se separa do trabalho espiritual. Somente então a consciência pode imaginar ser algo diferente da práxis existente, "representar *realmente* algo sem representar algo real" (DI. 28, tr. 45). Dessa maneira, Marx e Engels interpretam uma proposição, que pode ser verdadeira ou falsa, isto é, dizer algo que não existe, como ato de consciência determinado pela divisão do trabalho em material e espiritual. Na linhagem de Hegel, concebem a linguagem como exteriorização e alienação de uma consciência que, no seu início, nada mais é do que práxis reflexiva.

É preciso ter o cuidado de não identificar o conceito de intercâmbio (*Verkehr*) com o conceito posterior de relação social de produção, cuja fórmula final depende da lógica imputada ao capital. Por enquanto, Marx está imaginando que as relações sociais se articulam conforme se desdobra a reflexão hitórico-natural da divisão do trabalho. Dada essa espécie de pecado original, que nega a universalidade específica do homem, cada trabalhador se perde no produto de seu trabalho, entra em conflito com aqueles que se apropriam do trabalho morto inscrito nesse mesmo produto, até que consiga organizar-se em classe consciente de si, capaz de promover sua própria liberação assim como de toda a humanidade.

Na juventude ou na maturidade por certo encontramos o mesmo esquema pelo qual um universal abstrato, a essência genérica do homem, há de converter-se, graças à negação e à alienação, provocadas pela divisão social do trabalho, e à atividade regeneradora do proletariado, no universal concreto do comunismo. Mas essa negatividade terá a mesma lógica interna ao funcionar em estruturas diferentes? No início de sua carreira de crítico da Economia Política, Marx tem no horizonte, de um lado, a dialética do conceito, em particular a dialética hegeliana do senhor e do escravo; de outro, a sociedade moderna, entendida como sociedade mercantil, clivada pela divisão do trabalho de tal modo que as ações dos agentes individuais passam a ser regidas e coordenadas por um mecanismo objetivo responsável pela perda de sentido das ações particulares, em suma, pela mão invisível do mercado. Como se percebe, reformula esse tópico da teoria de Adam Smith, segundo os parâmetros da lógica hegeliana do Conceito, de sorte que a congeminação das ações singulares num mecanismo objetivo, alheio às intenções dos indivíduos, passa a ser vista como processo de dominação e alienação do homem. Mas todo o processo de alienação do trabalho não há de ser revisto depois que aceita integralmente a crítica de David Ricardo à teoria smithiana do valor trabalho? Ao elaborar um novo conceito de capital, dotado de uma gramática própria, não empresta à alienação do trabalho uma nova dimensão, aquela de fetiche?

A Economia Política inglesa vem mostrar que o valor de uma mercadoria é determinado pela quantidade de trabalho que nela se inscreve. Para um filósofo de formação alemã, essa tese permite interpretar o processo produtivo, cuja síntese final o idealismo remetia ao eu transcendental, em termos de uma atividade concreta refletindo-se sobre si mesma num único movimento circular. Como se mede, porém, essa quantidade de trabalho inscrita no produto? Ricardo mostra que Smith, depois de ter assumido o princípio de que o valor desse produto é medido pelo tempo de trabalho necessário para produzi-lo, continua acolhendo outras medidas, quer o tempo de trabalho de produzir uma mercadoria básica como o trigo, quer a quantidade de trabalho que uma coisa pode comprar. O engano, insiste Ricardo, é restringir o campo de aplicação do princípio a uma sociedade ainda pouco desenvolvida, anterior à acumulação dos capitais e da propriedade da terra.

Marx retira todas as consequências dessa crítica. É preciso ter todo o cuidado para não confundir o valor da mercadoria medido pela quantidade de trabalho que nela se fixa, com o valor da mesma mercadoria medido pelo "valor do trabalho", vale dizer, por sua capacidade de comprar trabalho. A medida do valor é o trabalho morto, não o trabalho vivo, toda aquela atividade que se deposita no produto, e de modo nenhum aquela atividade que se exerce num determinado lapso de tempo. Nada me impede de produzir uma cadeira com os instrumentos que possuo no fundo do quintal. Se pretendo vendê-la, se ela é igual às outras cadeiras produzidas em série por uma fábrica informatizada, ao vendê-la, obterei o mesmo preço da cadeira industrial. Todo o tempo concreto gasto se compacta naquela quantidade que a fábrica determina graças ao nível de produtividade em que opera. Daí derivam as determinações desse trabalho enquanto padrão de medida: em primeiro lugar, é **social**, porque se situa no nível da produtividade coletiva como um todo, do processo produtivo e não do ato individual de trabalhar; em segundo lugar, é **abstrato**, pois, ao efetuar-se para produzir objeto destinado à troca, vem a ser medido em função da trocabilidade do produto e não de sua capacidade de adequar uma coisa para o uso; por fim, é **morto**, ao ser expresso nesta ou qualquer outra coisa de mesmo valor.

São inúmeros os problemas que essas determinações levantam, mas convém deixá-los de lado para salientar unicamente como alteram o prisma pelo qual Marx passa a ver os processos de reposição da sociedade civil-burguesa. Isto já se evidencia no livro, *Miséria da filosofia*, escrito em Bruxelas durante o inverno de 1846-1847, contra o socialista francês P. J. Proudhon.

É sintomático que Marx, depois de ter rompido com a esquerda alemã neo-hegeliana, ao radicalizar suas posições políticas aderindo ao movimento comunista, se veja obrigado a combater as utopias socialistas questionando o modo de ser das mercadorias, quer do ponto de vista dos economistas, quer do novo ponto de vista político a que adere. Visto que o capital já lhe aparece como aquele conjunto de mercadorias postas em função do aumento de seu valor mercantil, torna-se-lhe crucial analisar o modo de ser desse capital, seu modo de alienação e objetivação, pois só assim vão aparecer aqueles limites e aquelas fissuras que contam para orientar uma prática revolucionária efetiva. Sem a clara consciência dos processos responsáveis por sua perdurabilidade e historicidade, sem que se aponte a especificidade da dominação capitalista, cujo segredo está no modo de comandar o trabalho alheio por meio da compra contratada do trabalho vivo, que tem todavia sua medida no trabalho morto inscrito nele, a classe operária não pode tornar-se sujeito da história. Convém sublinhar este ponto: somente o rigor da definição ricardiana do valor trabalho, cujo alcance Marx reconhece a partir de *Miséria da filosofia*, permite-lhe dar o salto teórico que o leva ao conceito de mais-valia. Unicamente o novo conceito de valor esclarece como a troca contratual, aparentemente equitativa entre capital e trabalho, feita na base dos valores determinados pelos trabalhos mortos incorporados pelas mercadorias em questão, termina causando exploração do homem sobre o homem e novas desigualdades socais. Isto porque o trabalho morto, inscrito na força de trabalho, se exercita na qualidade de trabalho vivo produtor de um excedente, do qual apenas o capitalista tem o controle. Enquanto o movimento dos trabalhadores não tomar consciência da forma específica pela qual se dá a luta de classes na sociedade burguesa, continuará ignorando o modo pelo qual se insere neste sistema produtivo particular, perdendo então o parâmetro de sua prática revolucionária.

Daí o combate constante e muitas vezes brutal que Marx e Engels travam contra os heréticos, todos aqueles que são incapazes de retirar da Ciência um programa de emancipação social. Ao deixar de lado as condições materiais de suas práticas, os revolucionários cedem às tentações da utopia, a saber, das ideias sem condições e sem lugar, que caracterizam a consciência pequeno-burguesa. Mas de Proudhon a Bakunin o contra-argumento será sempre o mesmo: não pretende Marx impor **sua** concepção de ciência como se fosse a Ciência? Se este quer emprestar feições científicas à política, aqueles respondem politizando a atividade científica.

A partir de *Miséria da filosofia*, o pensamento de Marx se distancia a passos largos de seus antecessores. Aceita a tese de que a história está determinada pela luta de classes, mas esse conflito, ao invés de ser visto do prisma do direito à propriedade, passa agora a ser travado pelo antagonismo entre trabalho vivo e trabalho morto, de sorte que as relações de propriedade aparecem então como a face aparente de um movimento mais profundo, aquele das relações sociais de produção. Além do processo legal de um sujeito se apropriar de um bem como manifestação exterior de sua subjetividade e liberdade, importa revelar a desigualdade criada quando esse processo legitima a apropriação dos meios de produção em vista da apropriação do excedente econômico. Outros já tinham visto na história o palco da luta de classes, mas somente Marx percebe nesse antagonismo entre ricos e pobres uma contradição no sentido hegeliano da palavra, vale dizer, um choque entre dois polos, cada um ganhando autonomia até que um deles, em virtude de sua autonomia essencialmente negativa, suprime a oposição e se põe como nova totalidade. Além disso, se a história consiste numa evolução, agora é preciso sublinhar, nesse processo de acumulação das forças produtivas, os cortes, as soluções de continuidade, evitando assim colocar numa linha contínua o que se faz por saltos e pela violência. Daí a importância de seu conceito de modo de produção. A evolução histórica recorta-se em diversos sistemas dotados de temporalidade própria, segundo as maneiras pelas quais os elementos relativamente simples do processo produtivo se articulam num todo, cuja identidade perdura conforme os pontos de partida, em suma, suas condições materiais ligam-se entre si e passam a ser reproduzidos sob uma forma específica de sociabilidade. Certos pressupostos são repostos, conferindo ao sistema sua identidade. Dada essa descontinuidade é que surge o problema: como se dá a passagem de um modo de produção a outro? Sob que condições o modo asiático de produção, por exemplo, determinado pela forma segundo a qual um poder central regula recursos hidráulicos, desemboca numa produção regulada pela expropriação direta do excedente feita a partir de uma cidade-estado? Elucidada essa primeira passagem, a análise deve prosseguir explorando as várias formas de propriedade até chegar à pergunta mais importante: quais são as condições necessárias para que se arme o modo de produção capitalista? Nota-se que no texto de *A ideologia alemã*, dominado pela noção de intercâmbio e por uma noção ambígua do capital, ainda incapaz de articular a gramática das categorias subsequentes, a história confunde-se com um processo de evolução natural, que pressupõe o tempo como parâmetro. Em que medida o novo conceito de capital distorce esse processo histórico-natural? Não passa a internalizar o próprio tempo, de sorte que a análise histórica toma o caminho inverso, regressivo, ocupando-se do nascimento das condições que articulam o sistema capitalista?

VI – Primeira Revolução

Antes, porém, de encaminhar essas questões é preciso atentar para a forma de desenvolvimento das próprias categorias que demarcam o modo de produção capitalista. Mas foi árduo o caminho que levou Marx a ter delas uma visão mais clara, pois cada passo adiante faz nascer obstáculos, quer teóricos, quer na prática política, a serem corroídos pela borda. De 1847, ano em que termina *Miséria da filosofia*, passando por 1859, data da publicação de *Para a crítica da Economia Política*, primeira amostra do que seria o primeiro livro de *O capital*, até 1867, quando este vem à luz, ensaia novos caminhos, lê tudo o que lhe cai nas mãos a respeito da teoria econômica e acompanha passo a passo as vicissitudes da economia mundial.

Voltemos, porém, ao ano de 1846. Marx está em Bruxelas. Seu trabalho teórico não interrompe sua atividade política. Junto com Engels trata de formar um comitê de correspondência que possa elevar o nível teórico dos grupos comunistas na Europa, em particular, fazer a ligação entre eles e o movimento chartista inglês. Marx e Engels iniciam a nova prática política dialogando com a *Sociedade dos democratas fraternais*, grupo que reunia artesãos ingleses, alemães e de outra nações europeias. Numa carta (5/5/1846) a Proudhon, Marx expõe-lhe suas intenções: "O objetivo principal de nossa correspondência será, pois, colocar os socialistas alemães em contato com os socialistas franceses e ingleses, pôr os estrangeiros a par dos movimentos socialistas que se darão na Alemanha e informar os alemães da Alemanha dos progressos do socialismo na França e na Inglaterra. Dessa maneira, diversas opiniões virão à luz e se chegará a uma troca de ideias e a uma crítica imparcial." É de notar que a resposta de Proudhon, de 17 do mesmo mês, explicita muito claramente o pomo da discórdia futura: este não considera a ação revolucionária como meio de reforma social e desconfia do dogmatismo econômico e da religião da razão. Na batalha para reformar o socialismo humanitário, Marx e Engels desde cedo encontram os dois empecilhos que marcarão o ritmo de duas carreiras políticas de agora em diante intimamente entrelaçadas. De um lado, a dificuldade de transformar um movimento social em movimento revolucionário, de outro, a descrença na possibilidade de uma política científica, incapaz de criar o consenso baseado na razão. Mas quando o debate chega ao limite, o único recurso é excluir o adversário da associação em que militam, pois só assim podem evitar que o processo revolucionário saia dos trilhos da história. Cientes de que a violência é sua parteira, não hesitam em recorrer a ela quando seus companheiros negam suas certezas mais firmes.

Exemplifica-o a polêmica contra Wilhelm Weitling. Este alfaiate, escritor e poeta alemão, depois de uma longa série de prisões pela Europa, desembarca em Londres coroado pelo respeito de toda a esquerda. Inscreve-se na *Associação dos operários alemães*, face pública da *Liga dos justos*, sociedade secreta que, como tantas outras, reconhecendo a necessidade de se constituir em partido, remodelava seus métodos de ação. Advogando uma espécie de comunismo primitivo de cunho religioso, choca-se contra aqueles que tinham aprendido as lições do chartismo, a nova forma de luta do proletariado inglês. Quando ele passa por Bruxelas, em março de 1846, Marx se vê obrigado a convidá-lo a dar uma palestra no comitê. No final, é interrogado asperamente: "Diga-me, Weitling, com quais argumentos defende sua agitação social-revolucionária e sobre o que pretende fundá-la no futuro?" O orador titubeia, sendo acusado de levar os operários a uma luta inconsequente, ainda travada pelas técnicas das sociedades secretas, fora portanto dos padrões científicos e de uma doutrina fundada nos fatos. Por fim, Marx propõe a exclusão de Weitling da Associação, com claro intuito de depurá-la. Só a consegue depois de muita briga e longas tratativas com a central inglesa, mas, para completar a vitória, inclui na punição Hermann Kriege, amigo íntimo de Weitling. Nasce um método de exclusão que será aplicado a todos os socialistas utópicos que vêm barrar seu caminho.

Marx sempre procurou tomar distância das sociedades secretas, entretanto, em março de 1847, supera seus escrúpulos e se inscreve na *Liga dos justos*, às vésperas de seu primeiro congresso, quando ela está prestes a se transformar na *Liga dos Comunistas*. O artigo primeiro do novo estatuto diz: "A Liga visa derrubar a burguesia, instalar o reino do proletariado, a supressão da antiga sociedade burguesa fundada no antagonismo das classes e o estabelecimento de uma nova sociedade sem classes e sem propriedade privada". A hegemonia ideológica de Marx estava assegurada. Tanto é assim que o encarregam, junto a Engels, de elaborar, em vista do segundo congresso, um texto que resumisse as principais ideias e reivindicações do novo partido. Mas já nesse primeiro encontro, Engels propõe que a antiga divisa "Todos os homens são irmãos" seja substituída pela nova: "Proletários de todos os países, uni-vos". Em janeiro de 1848, Marx envia a Londres o *Manifesto do Partido Comunista*, um dos textos mais importantes do século.

Não são apenas eles que percebem a iminência de uma revolução. Alexis de Tocqueville já observa, em outubro de 1847: "Chegará o tempo em que o país se encontrará dividido em dois grandes partidos. A Revolução Francesa, que aboliu todos os privilégios e destruiu todos os direitos exclusivos, deixou contudo subsistir um: o da propriedade. É necessário que os proprietários não se iludam sobre a força de sua situação e que não imaginem que o direito de propriedade seja uma muralha intransponível, pelo fato de que, até agora, em nenhum lugar tenha sito transposta, pois nosso tempo não se assemelha a qualquer outro... Quando o direito de propriedade torna-se o último remanescente de um mundo aristocrático destruído, o único a se manter de pé, privilégio isolado em meio a uma sociedade nivelada, sem cobertura dos muitos outros direitos mais contestados e mais odiados, ocorre um perigo maior, pois só a ele cabe sustentar a cada dia o choque direto e incessante das opiniões democráticas" (Tocqueville: *Lembranças de 1848*, 41/2). A mais lúcida cabeça de França dessa época antevê a borrasca que varrerá a Europa e indica o ponto em torno do qual ocorrerá a luta pela igualdade social. Mas enquanto está pensando a propriedade como um direito, barragem a impedir o nivelamento provocado pelo avanço da democracia, Marx vê nela um processo intersubjetivo do homem relacionar-se com a natureza que, embora apareça como relação de igualdade, encobre uma estratégia de dominação, responsável por novas desigualdades sociais. Por isso trata de distinguir na luta contra essa propriedade, aquele esforço de superar o Antigo Regime, como de fato acontecerá paulatinamente na Alemanha, e o projeto revolucionário do movimento francês, cujo partido radical, além de ter no horizonte uma sociedade sem classes, ainda traz em si o projeto de um sistema produtivo em que o excedente social será distribuído por consentimento.

Finalmente explode a revolução esperada. Começa na Suíça em novembro de 1847, penetra na Itália até o sul da Sicília, atinge profundamente a Bélgica, agita a França e a Europa Central. Por toda parte grupos operários se insurgem, reivindicando maior igualdade social. Os emigrados alemães participam intensamente desses movimentos, aproveitando a oportunidade para se aproximarem dos operários locais. Marx está entre seus líderes, mas sua ação sempre se limita aos grupos de emigrados alemães. Acusado, todavia, pela polícia belga de financiar a compra de armas para os trabalhadores de Bruxelas, é expulso do país e recebe ordem de deixar o reino belga em 24 horas. Conduzido à fronteira, encontra Paris ainda revolta pelas lutas nas barricadas, festejando a queda do rei Luiz Felipe e a proclamação da II República.

Logo depois das jornadas de fevereiro, a questão da guerra revolucionária se coloca. Os emigrados e artesãos alemães residentes em Paris formam uma legião para, com o esperado auxílio dos franceses, liberar a Alemanha e a Polônia. Visto que governo provisório ignora o apelo, ousam atravessar o Reno para serem derrotados por um exército de profissionais. Marx desde o início compreendera a inviabilidade dessa aventura, não pega em armas, pagando o preço de ser acusado de, na hora da luta, continuar a proferir conferências sobre Economia Política, arrefecendo as paixões e cuidando apenas de transformar operários em bons educadores. Mas se junta a um grupo da *Liga dos Comunistas* que deixa Paris com o intuito de fazer propaganda revolucionária por toda a Alemanha. Volta finalmente a Colônia, entra em contato com o movimento local, condena os mais radicais, que se recusam a participar das eleições dos representantes do povo numa assembleia nacional, a ser instalada em Frankfuhrt, juntando todas as nações alemãs, inclusive a Áustria – somente Prússia fará sua própria em Berlim. Busca adequar o movimento espontâneo das massas às conquistas possíveis, conforme o estágio em que se encontra a sociedade capitalista. Se os franceses têm condições de pôr essa sociedade em xeque, isto não acontece com os alemães, ainda travados por resquícios do Antigo Regime. Quando a Revolução reflui, também ele é pego pela repressão, respondendo a um processo por incitação revolucionária. Assim se explica ao júri de Colônia: "Assistimos à luta entre a velha burocracia feudal e a sociedade burguesa moderna, entre a sociedade da livre concorrência e a sociedade corporativa, entre a luta baseada na propriedade fundiária e a sociedade industrial, entre a sociedade da fé e a sociedade da Ciência" (*MEW*, VI, 252). A fé na Ciência ilumina o caminho da política, nesse momento legitimando o apoio às forças burguesas que, aliadas ao proletariado, poderão então realizar sua tarefa histórica. De nada valeria a mera insurreição se os objetivos possíveis não estivessem preparados na própria realidade. Esta luta, portanto, só poderia ser social e republicana, deixando para uma segunda etapa a revolução socialista e proletária, final de um processo evolutivo ainda no início. Gerhard Röse, presidente da *Associação dos Trabalhadores de Colônia*, também num depoimento na Justiça, mas anos depois (1854), lembrará que, numa carta, Marx lhe explicara a inconveniência de que o partido tomasse o poder enquanto as condições não estivessem maduras e fizera o seguinte prognóstico: dependendo da educação e do curso da história, quatro etapas serão necessárias para que a verdadeira revolução se realize: dos anos 1847/8 até a próxima revolução, a pequena burguesia e o proletariado marcharão juntos contra a monarquia, mas eles são mais catalisadores do que promotores de um processo que nasce das relações de classe e da pobreza; vencida essa etapa, os comunistas entram na oposição, abrindo o caminho para a república social, a república socialista comunista, até atingir o comunismo pleno (Nicolaïevski/Maenschen-Helfen, *La vie de Karl Marx,*441– Devo a este livro a maioria das informações biográficas aqui utilizadas).

A esquerda revolucionária nunca poderia concordar com esse gradualismo. Para ela, a Revolução não é descoberta, o fazer aparecer de uma forma já entranhada no real, mas é antes de tudo ruptura. O Dr. Andreas Gottschalk, o líder mais influente da *Liga dos Comunistas*, responde a Marx e a Engels em termos candentes: “ Por que uma revolução, por que deveríamos, nós outros homens do proletariado, verter nosso sangue? Deveríamos verdadeiramente, assim que vós, senhor predicador, anunciais para nós, a fim de escapar ao inferno da Idade Média, precipitarmo-nos voluntariamente no purgatório de um poder capitalista decrépito para atingir os céus nebulosos de vossa profissão de fé comunista” (Idem, 217)? O drama, já ocorrido com Weitling, se repete, assim como se repetirá por ocasião da crise da Primeira Internacional e a expulsão de Bakunin. Mas não há deslize do drama para a farsa, pois o impasse se reitera com os mesmos atores, como se um tempo circular marcasse a luta intestina na esquerda comunista.

Marx esperava que a França radicalizasse sua Revolução e empurrasse a Alemanha para a frente. Nada disso acontece, pelo contrário, a Rússia pouco a pouco fecha a tenaz da contrarrevolução, ela e os governos locais vão apagando um a um os focos revolucionários. No início de seu retorno à Alemanha, Marx assumira a direção da *Nova gazeta Renana* e, considerando inadequada a velha estrutura da *Liga dos Comunistas*, propusera à direção central londrina sua dissolução. Ao encontrar resistências à sua proposta, simplesmente a declarou extinta. Mas agora, quando a Revolução recua, os alemães vão recriá-la, retomando os hábitos tradicionais da luta clandestina. Derrotado politicamente, embora saia livre e aplaudido do processo montado contra ele, ainda amarga a recusa do pedido de recuperar sua nacionalidade alemã. Nessas condições, não tem mais a fazer em sua terra natal e termina emigrando para a Inglaterra.

VII – O exílio londrino

No exílio, comerá o pão que o diabo amassou, apenas sobrevivendo graças ao amparo constante que lhe dá Engels. Chega a Londres em 24 de agosto de 1849, logo retomando o contato com os emigrados alemães e com outros grupos do movimento esquerdista inglês e europeu. Mas se dedica principalmente ao estudo da Economia Política, acompanhando de perto as idas e vindas da economia mundial. Explora sistematicamente a biblioteca do Museu Britânico, que frequenta com assiduidade. Continua, porém, atento e refletindo sobre o final do processo revolucionário. Em 1850 saem, na *Nova Gazeta Renana*, os artigos que, reunidos, formam o livro *Lutas de classe na França – 1848 até 1850*; em 1852, aparece *O dezoito brumário de Luís Bonaparte*, reunindo artigos escritos para o *New York Tribune*, periódico publicado por socialistas americanos. A despeito de ter escrito dois extraordinários livros de história, pontos de referência para os historiadores do futuro, o que ganha com eles mal cobre suas despesas, passando a enfrentar as piores necessidades. Mora no Soho, um dos bairros mais pobres da cidade, onde morrem três de seus filhos (dentre os seis que teve). O pequeno Guido, fruto de sua relação com a fiel empregada Lechen Demüth, será "vítima da miséria burguesa", como ele próprio escreve a Engels. Mas não desanima, continua o pai amoroso e alegre de sempre, embora sua casa não seja um primor de arrumação; livros e jornais velhos misturam-se com móveis estropiados. Sua vida privada, doce e resignada, em nada se assemelha ao retrato que dela fazem os relatórios policiais.

Somente em 1856 se muda para uma casa mais confortável, no limite da cidade. Embora melhore sua situação econômica, graças ao trabalho na imprensa, nunca conseguirá, entretanto, levar uma vida sem sobressaltos. Mas continua sempre à espera da grande crise econômica e da revolução que continuadamente recua no horizonte. Por longos períodos, trabalha intensamente, pesquisando e fazendo política, mas nunca mantém por muito tempo uma atividade contínua. De 1860 a 1863, a vida torna-se-lhe infernal, pois além das dificuldades econômicas começa a conviver com a doença, sofre de antrax e furúnculos. Procura um emprego num escritório de uma ferrovia, mas não é aceito por causa de sua má caligrafia. De certa forma, o pensamento é o seu refúgio, pois nessas condições escreve *O capital*; terminando o primeiro volume em março de 1867, cuja publicação, em Hamburgo, é de setembro do mesmo ano.

No início do exílio, recusara-se a fazer parte de qualquer organização política. Mas, em 1864, ao perceber mudanças no panorama político favorecendo uma atividade capaz de ir além do auxílio mútuo e da conspiração, assina a ata de fundação do que viria a ser a *Primeira Internacional*. Esta instituição cresce até 1870, quando chega a seu apogeu. A guerra franco-prussiana termina permitindo a unificação da Alemanha, sob o controle da Prússia, liderada por Bismarck, mas a derrota da França induz o proletariado parisiense ao levante e a uma nova forma de governo, a Comuna. Marx demora em considerar madura a insurreição, mas logo absorve essa experiência e declara que, pela primeira vez, o proletariado havia chegado ao poder. Mas o crescimento da revolução traz a discórdia no seio da *Internacional,* que se desagrega em 1873, depois de uma longa luta entre Marx e Bakunin. Este é finalmente expulso, fragilizado por suas relações com Sergei Netchaïev, revolucionário russo e escroque notório. Seria longo demais historiar todas as peripécias da primeira organização operária que de fato logra alcance internacional. Mas quem percorrer esse tortuoso caminho perceberá que, no fundo, reeditará os mesmos impasses que a política marxista encontra ao se defrontar com movimentos de inspiração anarquista. Marxismo e anarquismo não constituem os dois polos em relação aos quais se debate a política do proletariado?

VIII – Ciência e política

Onde reside o ponto nevrálgico desse debate? No fundo, não gira em torno da maneira de conceber a própria realidade social, cujo modo de ser determinaria o tipo de atividade que há de transformá-la? Pensando o social a partir de sua prática política, mas tendo sempre em vista uma certa concepção de ciência, Marx vê essa prática com características muito definidas. Os proletários, ao combater por sua sobrevivência **econômica**, travando verdadeira guerra civil, tendem a associar-se e, desse modo, forjam as armas necessárias para a batalha futura. Nessa luta é preciso distinguir duas fases. Também quando a burguesia enfrentou o feudalismo cumpre distinguir o primeiro momento, processo de sua constituição em classe, do segundo, quando, já como classe, derruba e liquida a monarquia. Do mesmo modo, a revolução proletária passará por uma primeira fase, em que o proletariado defenderá seus interesses, transformando-os em interesse de classe, para, em seguida, instalar sua própria ditadura – por certo mais democrática do que a ditadura burguesa, pois representaria a maioria de uma população proletarizada. Cuidará, desse modo, de utilizar o Estado de que se apropriou para destruir tanto os fundamentos da sociabilidade burguesa, em particular o assalariamento, como forma de ligar o trabalho às suas condições de efetividade, quanto a propriedade privada dos meios de produção.

Esse programa já estava concebido desde o fim de 1846: "Para que a classe oprimida possa libertar-se é preciso que os poderes produtivos já adquiridos e as relações sociais existentes não possam mais existir uns ao lado dos outros. De todos os instrumentos de produção, o maior poder produtivo é a própria classe revolucionária. A organização dos elementos revolucionários como classe supõe a existência de todas as forças produtivas que poderiam engendrar-se no seio da sociedade antiga...

"A classe laboriosa colocará, no curso de seu desenvolvimento, no lugar da antiga sociedade uma associação que excluirá as classes e seu antagonismo, e desaparecerá o poder político propriamente dito, porquanto o poder político é precisamente o resumo oficial dos antagonismos da sociedade civil" (*Misère de la philosophie*,1957,135).

Também em *A ideologia alemã* o Estado é configurado como o resumo (*Zusammenfassung*) da sociedade civil. Ocorrem, pois, duas formas de associação: a primeira se tece graças ao movimento dos elementos das classes subordinadas que, associando-se, transformam seus interesses particulares em interesses de classe – a classe em si conformando-se em classe para si –, esse movimento se perfaz quando os trabalhadores fazem valer sua própria organização como força produtiva principal. Compreende-se a importância que a greve geral terá na política marxista. Depois de ter assumido o Estado, a classe dos trabalhadores refundará sua própria sociabilidade, encontrando formas de decisão que, abolindo o mercado de trabalho, reunirão de forma racional o trabalho com suas condições de realização e distribuirão os produtos conforme as necessidades de cada um. Desse modo, a ação política encontra seu fundamento no modo pelo qual uma sociedade racionaliza e organiza, do ponto de vista científico, seu metabolismo com a natureza. A associação dos produtores não só é uma força produtiva, mas consiste na força produtiva por excelência. Dessa maneira, assim como a fusão dos burgueses em classe configurou a força produtiva maior que impulsionou a passagem do feudalismo para o capitalismo, agora a fusão dos trabalhadores na classe proletária configurará o motor da superação dos vínculos sociais determinados pela dominação burguesa. Como, porém, essa força produtiva diz respeito ao exercício do próprio trabalho, sua efetivação altera a própria relação dos trabalhadores entre si. É o que Marx explicita num texto de 1874 contra Bakunin, escrito, portanto, depois de publicado *O capital* e de ter refletido sobre a experiência da Comuna de Paris. O que significa dizer que o proletariado constituirá a classe dominante? Não terá sob ele outra classe dominada? "Significa que o proletariado, em vez de lutar de um modo desconexo contra as classes economicamente privilegiadas, já possui a força e a organização suficientes para empregar, em sua luta contra elas, medidas gerais de coação; mas, no terreno econômico, só pode empregar medidas que destruam seu próprio caráter de assalariado e, portanto, suas características de classe. Por conseguinte, em virtude de seu completo triunfo, aniquilará também sua dominação ao aniquilar seu caráter de classe" (Marx, Engels, Lenin: *Acerca del anarquismo y del anarcosindicalismo*, Moscou, 132).

Aqui reside o segredo da dialética entre as forças produtivas e as relações de produção. Visto que a constituição da classe configura a força produtiva mais importante num dado momento da história, todas as restantes forças produtivas ficam subordinadas a essa nova forma de associação *in fieri*. Essas forças não determinam aquelas relações a não ser porque a organização social delas conforma a força preponderante. Mas a constituição do proletariado só logrará esse seu estatuto de força produtiva maior à medida que destruir a base na qual se assenta a forma de associação que lhe impõe o modo de produção capitalista: a força de trabalho determinada como mercadoria. Posto que o conflito se resolverá dissolvendo seu fundamento, a oposição entre trabalho vivo e trabalho morto sob forma de mercadoria; posto que a luta de classe transformará a necessidade do homem de subordinar-se a condições exteriores de trabalho na liberdade de decidir o tempo de trabalho e o tempo de lazer, desaparecerão os elementos relativamente simples, determinados pelas relações sociais de produção, que desenham as formas possíveis do jogo político. A política, como "resumo oficial dos conflitos da sociedade civil", dará lugar à organização científica e racional do mundo do trabalho.

Por isso a política do proletariado só poderá resolver-se na atividade de configurar e tornar consciente para todos a força produtiva que ele traz em se associando, mas se, ao mesmo tempo, destruir a forma pela qual o trabalho se exercita sob o modo de produção capitalista. Compreende-se como o conflito não resulta na soma ponderada de forças antagônicas, mas constitui verdadeira contradição. Ao chegar a seu fundamento, o proletariado se afunda como classe, libertando ele e as outras classes das formas anteriores de dominação, baseadas na luta de classes. Permanece, contudo, o pomo da discórdia. Desenvolve Marx uma análise científica, ou simplesmente está propondo uma metafísica do social? Por que sua "ciência", cuja estrutura conceitual está muito próxima daquele saber que os idealistas alemães chamam de "ciência" (*Wissenschaft*), deve ser confundida com a "ciência" positiva dos franceses e dos ingleses? Não é essa maneira de ver a Ciência também uma questão política?

No entanto, conforme Marx avança na análise das contradições do capital, mais se lhe torna evidente que a contradição básica entre capital e trabalho, em vez de se enrijecer em polos absolutamente antagônicos, corrói o perfil de cada um desses termos. Também aqui, como sempre acontece no modo de produção capitalista, "tudo o que é sólido se dissolve no ar", como prefigura o *Manifesto comunista.*

IX – A gramática do capital

O capital propõe-se a fazer uma análise genética das categorias que demarcam os processos de produção, distribuição e troca das mercadorias, articulados com o intuito de criar um excedente. Essa análise ainda se entremeia de descrições históricas desses mesmos processos. Mas também pretende forjar uma arma crítica capaz de superar esse modo de produção. Trata-se, pois, de um estudo teórico a serviço de uma classe que, trazendo em si a capacidade de abolir a sociedade de classes, pode assumir uma perspectiva a partir da qual todo o movimento se revela, deixando cair os véus que o encobrem. Apenas secundariamente também visa fazer um balanço geral da teoria econômica de seu tempo. Como se conciliam, porém, a análise genético-descritiva com a intenção reveladora e revolucionária? Compreende-se a dificuldade de seu ponto de partida. Marx escreve e reescreve o primeiro capítulo de sua obra máxima, ciente das dificuldades da exposição, assim como dos perigos da tarefa em que está metido. Não é à toa que ele mesmo desiste de transferir todos os matizes de seu texto para a tradução francesa, feita por J. Roy, pois os franceses não estão acostumados às complicações da dialética hegeliana e não é de estranhar que cientistas e filósofos, distantes dessa tradição, quebrem a cabeça na tentativa de compreendê-lo. Os cientistas porque, além do mais, tendem a deixar de lado o jogo dialético dos conceitos como se fosse resíduo de metafísica, cujo peso a Ciência haverá de superar; os filósofos porque, em geral, não estão familiarizados com os problemas da teoria econômica da época e muito menos com os objetivos políticos da empreitada. Compreende-se então por que frequentemente os primeiros procurem incorporar os conceitos marxianos somente na medida em que estes se integram em seus modelos teóricos, enfim, se tornem mensuráveis; e os segundos procurem rescrever o texto de Marx a seu modo. Louis Althusser, por exemplo, tenta reler Marx desprezando seus vínculos com o idealismo alemão, e J. Habermas retira da noção marxiana de trabalho sua dupla face de ser simultaneamente processo tecno-racional e expressivo.

Se o investigador recusar a armadilha de se acreditar arauto de uma classe privilegiada, que teria do real uma visão de sobrevoo, deverá ainda abandonar a ilusão de que poderia abarcar todos os segredos de um *corpus* teórico de um único ponto de vista. Cabe-lhe então tentar uma leitura que ressalte tanto suas coerências quanto suas tensões internas. Não convém examinar os textos tais como se apresentam no cruzamento de suas várias dimensões, considerando-os como um baluarte a ser conquistado por várias frentes? Sob esse prisma prefiro cair numa leitura às vezes incoerente do que pressupor no texto uma harmonia que ele não possui, muito menos ensaiar uma reconstrução que expurgasse qualquer contradição do terreno que o próprio Marx balizou, pois me importa sobretudo mostrar o caráter muito particular que assumem os conceitos pelos quais ele tenta entender o processo de desdobramento do capital, como esses conceitos se conformam na tentativa de revirar a dialética hegeliana, ao invés de pensá-los simplesmente como os únicos parâmetros capazes de pôr a nu a realidade do capitalismo moderno. E se chegar a perceber contradições no seu discurso, prefiro antes de tudo ficar atento aos limites do dizer e do pensar que elas então indicando.

No entanto, se não é a única, minha estratégia, assim o creio, tem a virtualidade de compreender como a sociabilidade capitalista se arma graças a uma forma muito particular, estabelecida por ela mesma, do homem se relacionar com a natureza. Desse ponto vista, é preciso levar muito a sério a advertência do próprio Marx de que suas categorias não são unicamente construções do analista, mas tentam captar **formas de pensamento** *(Gedankenformen)* pelas quais os agentes atuam efetivamente no cumprimento de suas respectivas tarefas. Como se estruturam então esses juízos práticos que demarcam as formas da sociabilidade capitalista? Antes de tudo cumpre considerá-los como juízos muito peculiares pelos quais cada agente **mede** a parcela da riqueza social cuja forma ele está encarregado de preencher. Ora, visto que cada uma dessas parcelas aparece sob a forma mercadoria, em outras palavras, visto que esta é a forma elementar da riqueza capitalista, a tarefa consiste em desvendar os momentos do desdobrar do próprio conceito no movimento de se pôr a si mesmo. Para tanto não há, contudo, espaço nesta pequena introdução. Resta, pois, o recurso de sublinhar em grandes linhas alguns de seus aspectos fundamentais, remetendo a comprovação de minha leitura da dialética marxiana a outro trabalho, *Certa herança marxista*. De certo modo, o que passo a escrever consiste numa apresentação dos resultados desse escrito, sem contudo desenvolver as devidas provas. Mas prefiro expor ao leitor algumas ideias e sugestões que o incitem a refletir sobre a problemática marxista do que restringir-me a uma exposição daquilo que todos podem conhecer compulsando um manual. Em vez de fingir uma imparcialidade impossível, ofereço desde logo uma leitura feita de um ponto de vista, a ser explicitado ao longo de seu próprio movimento. Obviamente, cabe a todos ter no horizonte os textos de Marx e dos comentadores mais abalizados.

O primeiro desafio é explicar como o trabalho abstrato pode ser tomado como padrão de medida de ações realizadas efetivamente pelos agentes. No recolhimento de meu escritório posso imaginar várias medidas pelas quais os homens venham a trocar produtos de seus respectivos trabalhos. Quando, porém, sou capaz de dizer legitimamente que alguns indivíduos estão de fato usando o padrão que estou formulando? Sabendo que ações têm consequências involuntárias, pouco me interessam as representações efetivas dos próprios agentes, cujo acesso, aliás, só tenho pelo que eles dizem e pelo que fazem. Como então proceder? Registro que estou tratando de uma relação em que os produtores trocam seus produtos indiferentemente de quem são seus parceiros, estes se definindo apenas pelo que são capazes de oferecer na praça do mercado, e me pergunto o que eu e eles precisamos supor como existente, signos, atividades e fatos, para que esse tipo de troca possa ser realizada. Visto que os agentes estão desobrigados entre si de outros vínculos sociais, essa troca só perdura se for equitativa, interessa às partes enquanto realiza seus carecimentos e lhes assegura o estatuto de produtores de mercadorias. Por isso não cabe pensá-la tomando o leilão como símile, pois desde o início procura-se entender uma relação de produção que se sustenta pela troca de seus produtos. Segue-se que aos produtores só resta pensar a troca em função do tempo de trabalho que lhes assegura o estatuto de produtor, passando o produto trocado a ser visto exclusivamente da perspectiva do tempo de trabalho empregado na sua obtenção. Além disso, como esse trabalho vai ser comparado com a atividade de qualquer outro produtor apresentando-se no mercado, ele só pode ser considerado como trabalho qualquer, obviamente dentro das condições em que está sendo tomado como momento de uma relação produtiva. Está fora de cogitação, por exemplo, o trabalho de identificar a mercadoria e separá-la de outras. Marx sublinha que essa forma de trabalho abstrato resulta de uma longa evolução histórica marcada pelo desenvolvimento tecnológico, mas para o juízo prático de medida do valor pouco interessa a história dessa abstração, pois está sendo confirmada e reposta por cada ato de produção, que se integra no processo de trocar mercadorias. Quando uma determinação é condição de um processo, mas também é produzida e reposta por ele, Marx a denomina determinação essencial.

Para esse tipo de abstração o trabalho, ademais, deve ser considerado pelos próprios agentes como sendo homogêneo, vale dizer, passível de ser decomposto numa unidade elementar: o trabalho complexo compõe-se pela soma do mesmo elemento simples. Não se ignora a enorme diversidade dos processos de trabalho, alguns monótonos e repetitivos, outros de extrema criatividade e de variada produtividade. Mas essa diversidade é descartada pelo pensamento e pela ação dos agentes, pois atuam **como se** não existissem tais diferenças; o pensamento, cuja forma estamos procurando, reside nas ações dos atores antes de aparecer em suas consciências. Essa homogeneização, porém, não se cria apenas no nível das intenções e das representações daqueles que trabalham para a troca, tomando o tempo como medida de seus esforços. Um mesmo trabalho produz mais ou menos conforme mobiliza forças produtivas diferentes. É o que se percebe lembrando, por exemplo, que terrenos de mesma extensão, lavrados no mesmo tempo e semeados com a mesma espécie de semente, produzem quantidades diversas de grão. Por isso o tempo de trabalho, tomado como valor de uma mercadoria, ainda implica que esse trabalho venha a ser socialmente necessário, em resumo, integrante daquela massa de trabalho que uma sociedade está disposta a despender no processo de sua reprodução material e espiritual. Visto que um mesmo tipo de trabalho pode ter produtividade diferente, o ato efetivo de troca somente suprime essa diferença se ele mesmo se comprovar como **socialmente necessário**, em suma, se o produto encontrar comprador, o qual, por sua vez, há de estar em condições de reciprocar com uma mercadoria ou dinheiro equivalente. Em resumo, a atividade representada como necessária para obter tal quantidade de produto se mostra socialmente efetiva apenas no fim do ciclo, quando o que foi pensado se realiza pela troca com o produto alheio. Daí o caráter reflexivo desse pensamento prático, cujo parâmetro mentado somente se realiza na relação social de troca, no quadro de uma determinada demanda efetiva. É de notar ainda que, não tendo o produtor certeza de estar agindo conforme a regra **social**, atua tendo em vista o sucesso ou insucesso de suas ações anteriores, projetando para o futuro o bom êxito do passado. Desse modo, o parâmetro pressuposto é reposto segundo os efeitos da demanda efetiva encontrada para o produto, como se o tempo fosse necessariamente suprimido.

Nada mais falso, portanto, do que imaginar Marx considerando o tempo socialmente necessário como uma quantidade já constituída a ser parcelada conforme a totalidade dos carecimentos reais num determinado estágio da divisão do trabalho. A sociedade não está pronta, como se fosse feita por uma totalidade composta de indivíduos relacionando-se entre si. Ele mesmo alerta que esse ponto de vista, aliás comum a toda a sociologia do início do século XX, é burguês, visto que toma uma totalidade *in fieri,* fazendo-se, como se já estivesse constituída. As relações de produção configuram, por certo, uma das dimensões de uma dada sociedade. Mas sendo bom aluno do idealismo alemão, Marx está se perguntando como uma sociedade, em vez de estar meramente presente, constitui-se conforme assegura seu metabolismo com a natureza. Não há dúvida de que ela também pode se conformar na relação com seu deus, mas este seu pensamento só perdura, num lapso razoável de tempo, se conseguir embutir no seu diálogo com a divindade uma relação com a natureza que garanta a produção de bens materiais. Até os anacoretas comem e, se não trabalham, alguém trabalha para eles.

Como os processos práticos capazes de manter um confronto medido com a natureza "determinam" outras dimensões sociais depende de como se considera, primeiro, esse relacionamento entre os seres humanos e suas condições materiais de existência, segundo, o próprio conceito de determinar. Em outras palavras, o modo pelo qual a infra determina a superestrutura vai depender de como se resolve a questão prévia a respeito da natureza de uma relação social de produção, enquanto forma de mobilizar e **medir** forças produtivas. É o que estou tentando estudar agora, ficando para depois investigar as relações entre o mundo material e o mundo da consciência e do espírito. Mas desde já se torna evidente que a relação da consciência, do ser consciente, com o ser, não pode continuar a ser pensada nos termos em que era posta em *A ideologia alemã*. Se o intercâmbio entre os homens, requerido pela divisão social do trabalho, passa a ser entendido como um pensamento prático, cuja forma é explicitada pela Economia Política, pensamento e realidade imbricam-se de maneira muito diferente pela qual um sujeito é dito de um objeto. Noutros termos, a tarefa não é mais desfazer a inversão do sujeito e do predicado, como pretendiam Feuerbach e o jovem Marx, mas compreender o que vem a ser um processo social de mensuração, um pensamento objetivo.

Voltemos, porém, às determinações do trabalho produtor de mercadorias. Pelo que foi dito acima, já se percebe que a abstração do trabalho social somente se perfaz, nas relações sociais de produção mercantil, se estas tiverem como pressuposto, reposto pelo próprio processo, um ideal de totalização – os trabalhos concretos tornando-se homogêneos, por conseguinte subsumidos a um todo **completo** –, se os parâmetros iniciais de mensuração dos trabalhos forem confirmados no final do ciclo produtivo. Vale para qualquer produtor a **ilusão** de que todos os seus trabalhos, efetivos de seu ponto de vista, vão ser efetivados socialmente enquanto parte homogênea da totalidade do trabalho que uma sociedade necessita para se repor. Sem essa ilusão o conceito marxiano de valor é incompreensível.

É de notar que não segui o modo de exposição da forma mercadoria apresentada pelo autor. Limitei-me apenas a inventariar as determinações fundamentais dessa forma da ótica do trabalho. Descuido, pois, do desenvolvimento formal do conceito de mercadoria, a partir de suas determinações mais simples, valor de uso e valor de troca, para poder sublinhar os processos de mensuração do trabalho que as sustenta. A Marx interessa mostrar como as trocas criam um equivalente geral, cuja forma concreta é a moeda, que as alinhava e vem a ser o parâmetro pelo qual se medem. Forçado a resumir e interessado em salientar o caráter de pensamento de cada momento da forma, tomei o atalho de enumerar tão-só os traços fundamentais do trabalho produtor de mercadoria. Mas, para entender a última determinação da mercadoria, seu caráter de fetiche, não há como escapar dessa referência ao valor, na sua qualidade de algo que passa a ser pressuposto e reposto pelos inúmeros processos de troca. Não é porque se subsumem laranjas, bananas, melões e outras coisas sob a mesma espécie fruta, que se passa a supor a existência de algo fundamental realizando-se em cada caso. Na aparência, o pensamento mítico não opera desse modo? Mas a medida implícita nas trocas segue por esse estranho caminho, pois necessita dessa ilusão para ser capaz de superar uma diferenciação que, de outro modo, bloquearia o processo de intercâmbio. Como já vimos, esse processo pressupõe que o trabalho deve ser homogêneo, isto é, divisível em elementos relativamente simples e somando, **sem deixar restos**, todo o trabalho socialmente necessário. Os diversos atos concretos de trabalho, diferentemente produtivos, são reduzidos a uma quantidade de trabalho que uma sociedade mercantil despende para sua reprodução. Essa homogeneização, porém, só ocorre se o produto de cada ato for reciprocado por qualquer um dos produtos encontráveis no mercado. Retomando o exemplo anterior: toda minha atividade de construir uma cadeira comercial é compactada no tempo necessário para que uma fábrica, trabalhando em condições de produtividade média, produza a mesma cadeira em série. Minha cadeira encontra seu valor em virtude da congeminação de outros atos produtivos e de troca que configuram sua determinação quantitativa. Do ponto de vista social, como objeto produzido para a troca, sua individualidade é determinada pela teia de relações fundidas no equivalente geral, **apresentado** pela moeda, que põe meu trabalho como caso concreto da norma. Tudo se passa **como se** fosse a regra que gerasse meu ato de trabalho, pois só ela o individualiza socialmente. A forma social é princípio da individuação do caso. Daí o caráter sensível/suprassensível do valor, emprestando à sociabilidade mercantil caráter metafísico, que faz dela um modo especialíssimo de aglutinar ações singulares, graças à projeção de uma regra que aparece como uma ideia dotada da capacidade de gerar suas instâncias individuais.

Agora se compreende melhor o motivo que me levou a me afastar do modo de exposição adotado por Marx na sua gênese do valor. Cabia-me sublinhar o caráter antipositivo, antissociológico, da explicação marxiana, a contrapelo das interpretações sociologizantes que o marxismo fez dela. Somente assim é possível ressaltar seu caráter dialético, pois os fenômenos sociais de troca **aparecem** como se estivessem sendo determinados por regras capazes de pôr seus próprios casos, sendo que essa aparência é um dado sem o qual a sociabilidade mercantil não tem sentido. Por isso a tarefa do analista consiste em desvendar essa aparência e aquela do político, auxiliar esse processo de desmistificação.

No entanto, o mercado de objetos produzidos por produtores independentes encobre aquela desigualdade social criada pelos níveis diferentes de produtividade, mas não instala propriamente uma exploração social. Esta assume a forma capitalista quando toda produção se torna mercantil, quanto todos os seus fatores caem sob a forma mercadoria. Trata-se de produzir mercadorias por meio de mercadorias, o trabalho requerido para isso vindo a ser obtido num mercado da força de trabalho, em que o valor dessa mercadoria especial é determinado pelos ingredientes de valor, a saber, pela quantidade de trabalho morto inscrito nela. É preciso considerar duas condições históricas responsáveis pela passagem de um modo de produção de mercadorias simples para o modo capitalista de produção. Somente depois de existir indivíduos desvinculados de seus meios de produção, impedidos de trabalharem fora do ciclo de produção de mercadorias, é que o empresário, por sua vez já tendo acumulado um capital adequado, pode encontrar no mercado mão-de-obra disposta a assalariar-se. Mas, do ponto de vista formal, interessa apenas que o novo ciclo produtivo passe a incorporar no seu bojo trabalho vivo, determinado então como trabalho morto sob a forma da mercadoria força de trabalho. Somente assim **todo** o sistema produtivo se destina a obter lucro na forma de dinheiro. Não há dúvida de que os sistemas de produção pré-capitalistas também estavam voltados para acumular excedente, apropriado pelas camadas dominantes da sociedade. Mas eles conservavam unidades produtivas onde o trabalhador entrava em contato direto com seus meios de produção. Isto acontece até mesmo nos sistemas escravistas de produção, pois nele o escravo entra como instrumento mercantil e não como força de trabalho livre de seus vínculos sociais e de seus instrumentos. Com o advento do modo de produção capitalista, todos os fatores produtivos são obtidos por meio da compra e venda de mercadorias, inclusive da força de trabalho e do dinheiro, de sorte que todo o excedente deve formar-se como se fosse extraído por meio de uma relação contratual integrando os diversos agentes do sistema. Se o capital, como acúmulo de riqueza apropriada por alguns, consiste num processo de comandar trabalho alheio, cabe não deixar de lado esta característica formal de que toda a atividade produtiva vem a ser posta em função de obter um mais-valor **como se** todos os agentes estivessem operando por meio das mercadorias que trazem para seus respectivos mercados – a força de trabalho, o capital, a terra, o capital a juros etc. –, sem que se leve em conta que a liberdade deles fica tisnada pelo pressuposto de que os operários não possuem outra liberdade do que vender a única mercadoria que possuem, sua atividade produtiva. Mas, do ponto de vista formal, a passagem do modo de produção simples de mercadoria para o modo de produção capitalista implica, sobretudo, completa mudança daquela intenção responsável pela articulação das partes do sistema produtivo.

É de notar que nessas condições a oposição entre trabalho vivo e trabalho morto assume a forma de uma contradição, no sentido preciso desta palavra: dois termos opostos que, ao se negarem, cobrem todo o espectro denotativo dos termos envolvidos. Quando se diz “branco” e “preto” a oposição está pressupondo – se estivermos empregando a escala de cores no sentido comum – cores interpostas como o vermelho, o azul e assim por diante.

Mas ao dizer "branco" e "não branco" não há cor intermediária possível, não tendo cabimento afirmar que uma coisa é ao mesmo tempo branca e não branca. Por isso, dentre duas proposições contraditórias só uma pode ser verdadeira, enquanto entre duas proposições contrárias, as duas podem ser falsas. Ora, a força de trabalho inscrita como mercadoria no ciclo reprodutivo do capital é ao mesmo tempo trabalho vivo e trabalho morto, assim como também é capital, enquanto capital variável, e não capital, enquanto força de trabalho atuante. No fundo, a contradição é assegurada pelo fato de todos os elementos da produção serem computados como valores.

Vejamos essas determinações formais no pormenor. O processo de trabalho apoia-se em geral sobre resíduos de trabalhos anteriores. Imaginemos um explorador chegando a uma cabana equidistante de dois riachos, as únicas fontes de que dispõe. Se para abastecer-se de água precisa abrir uma picada na floresta, não vai, no dia seguinte, repetir a operação para chegar ao outro riacho, a não ser que procure deixar aberta uma alternativa prevendo acidentes. Ao trilhar a picada aberta está integrando nesta sua operação o trabalho anterior de abri-la; mais ainda, o uso que faz dela conserva o trabalho feito, pois dc outro modo o caminho seria recoberto pela mata. Isto acontece com todos os objetos de trabalho e com todos os instrumentos, pois, ao serem atuados, mantêm o trabalho anterior que neles foi depositado. Em outras palavras, para o homem não há força produtiva a não ser conformada pelo trabalho. E convém lembrar que a força produtiva mais importante não reside num objeto natural, mas no próprio homem, quer no seu treinamento pessoal, quer sobretudo no modo pelo qual articula trabalhos cooperativos, incluindo a divisão social do trabalho. Este ponto é essencial para se entender a dialética entre forças produtivas e relações sociais de produção.

Como se dá essa oposição entre trabalho morto e trabalho vivo no modo de produção capitalista? Já vimos que todas as partes do sistema são postas como valores, por conseguinte **presumivelmente** determinadas pelo tempo socialmente necessário para suas respectivas produções. A primeira tarefa do trabalho vivo que nele entra é sustentar o valor já inscrito no sistema, a segunda, aumentar o valor global. Para isso todos os agentes trabalham, mas nem todos os trabalhos são apropriados pelo sistema. Não importa, por exemplo, o trabalho da mulher do operário no preparo de sua marmita. Mais extraordinário, porém, é que as ações se articulam de modo a abstrair o trabalho do próprio capitalista. Ele inicia possuindo um certa quantidade de dinheiro a ser investido no aluguel da fábrica, na compra de instrumentos e matéria-prima e assim por diante, por fim, assalariando empregados. No entanto, todo o processo produtivo unicamente mede os objetos integrados na base do tempo necessário para sua reprodução. Isso somente se comprova depois de passar pela prova do mercado. Ora, nem a mulher do operário nem o capitalista estão vendendo suas atividades respectivas, de sorte que, se o sistema não funciona sem elas, não é por isso que as determina graças a seu próprio movimento. Acresce ainda que os agentes e os objetos não formam um todo para servir às necessidades de cada um. Aqui pouco importa o altruísmo ou o egoísmo de cada indivíduo, pois uma unidade produtiva não subsiste se ao fim e ao cabo não for rentável, não gerar lucro. Desse ponto de vista, aquele da totalidade do sistema, só se torna produtivo o trabalho capaz de alterar o conjunto de valores já incluídos no sistema. De modo nenhum todo o trabalho morto requerido para seu funcionamento, apenas aquele que é posto em função da mais-valia, que é a finalidade última do processo. Nessas condições, somente vem a ser produtivo aquele trabalho que, tendo sido computado como trabalho morto, se revela, para a finalidade do todo, como trabalho vivo.

Marx não ignora que o sistema produtivo é uma máquina de devorar trabalhos de todos os tipos. Do ponto de vista sociológico, o capital sobrevive dependendo do concurso das mais variadas atividades, todas elas dotadas de sentidos particulares. Mas está descobrindo que essas atividades se articulam abstraindo objetivamente toda ação incapaz de revelar-se de imediato como produtiva, vale dizer, produtora de mais-valor. Por certo todas as outras continuam indispensáveis, o sistema produtivo pereceria sem elas, em particular, o capital não sobreviveria sem capitalistas, mas o processo intersubjetivo de construir um excedente sob forma de valor, vale dizer, de trabalho morto, requer que se compute como trabalho vivo exclusivamente aquele capaz de acrescentar-se à riqueza social, toda ela posta sob forma de mercadoria, pois todas as outras atividades estão na dependência de seu exercício. Fica assim exposto o nervo da criação da riqueza sob o controle do capital, sua condição última, essencial, fundamentando as demais atividades requeridas. Mas esse fundamento é uma contradição. Do ponto de vista do sistema como um todo, não do capitalista individual, trata-se de uma parte do capital investida naqueles salários capazes de promover alteração no acúmulo da riqueza já feita. Por isso Marx o denomina "capital variável". Do ponto de vista do trabalhador, trata-se simplesmente da quantidade de dinheiro obtida pela venda da única mercadoria que possui, sua força de trabalho, tudo se passando como se estivesse numa relação social equitativa, de compra e venda de um objeto, com o capitalista que o emprega. Mas, do ponto de vista do próprio capital, em suma, de uma riqueza que somente existe enquanto se multiplica, o capital variável, posto como trabalho morto, somente tem sentido enquanto trabalho vivo, isto é, fugindo da maquinaria calculadora do sistema. Ele está e não está dentro dele, mas é por essa contradição que o processo produtivo total tem sentido e perdura.

A partir do momento em que Marx concebe a contradição entre capital constante e capital variável, fundamento de seu conceito de mais-valia, acredita ter descoberto um instrumento científico capaz de revelar o segredo da exploração capitalista, assim como de incorporar por completo o arcabouço da lógica hegeliana no bojo dessa ciência. Desse modo, a análise científica resolve-se numa crítica intelectual desnudando a base contraditória do movimento do capital, consciência crítica que haveria então de nortear o processo revolucionário, para que não se perca nos meandros da consciência utópica e pequeno-burguesa. Mas com isso está descrevendo o procedimento de gerar uma categoria, uma forma de pensamento dos agentes, a partir da forma elementar da mercadoria, integrada no novo contexto do capital. Trata-se de deduzir, no sentido de legitimar e fazer aparecer a partir de suas bases, cada uma das categorias explicativas e reguladoras do movimento do capital como salário, renda da terra, lucro, juro e outros conceitos intermediários.

A partir da indicação de que cada categoria é uma forma de pensamento, tentamos mostrar que os raciocínios práticos que se fazem por elas visam **medir** a parcela da riqueza social que lhe corresponde. Percebemos agora que essa medida se faz criando padrões de identidade, por exemplo, o capital constante e o capital variável, cuja contradição chama por uma solução promovendo uma identidade superior. Isso já acontece no modo de produção simples de mercadoria. A relação de compra e venda faz-se inicialmente igualando mercadoria a mercadoria (M = M). Os percalços e as contradições desse processo, ancorados no jogo entre valor de uso e valor de troca, são resolvidos pela introdução do dinheiro como identidade em que as duas mercadorias se **expressam** (M = D = M), cada mercadoria é traduzida em termos de dinheiro, de sorte que a equação se desdobra conforme as identidades anteriores passam a se exprimir numa identidade que aglutina de modo inovador as determinações anteriormente contrapostas: a moeda é uma mercadoria cujo valor de uso é servir de base para o valor de troca. Mas a solução cria ao mesmo tempo uma nova espécie de solução de continuidade. Ao se prolongar no tempo a troca inicial, mero escambo, se divide em dois atos, o de comprar e o de vender, sendo que o dinheiro intermediário pode então ser, por um motivo incidente, retirado da circulação, impedindo a continuidade do processo. Em suma, cada nova solução da contradição anterior cria nova possibilidade de crise.

Quando essas equações, que exprimem as trocas efetivas pelas relações que as mercadorias e o dinheiro passam a manter entre si, passam a ser subordinadas à intencionalidade do capital, a fórmula expressiva se inicia com o dinheiro a ser investido, transforma-se em mercadoria e volta sob a forma de dinheiro acrescido (D = M = D'). A igualdade da troca articula-se, pois, como uma desigualdade, cuja origem precisa ser explicada no contexto das condições já postas. Mas se todo o sistema é mobilizado para criar D', se a única fonte de valor está na utilização do capital variável, é nesta sua relação com todo o resto do capital constante que se revela o segredo do processo de acumulação. Essa relação define a composição orgânica do capital, que deve ser compreendida em dois sentidos. De um primeiro ponto de vista, trata-se de uma quantidade de valor, investida na compra da força de trabalho, que se junta à quantidade de valor dos meios de produção empregados; de outro, um conjunto de meios de produção é mobilizado por uma determinada quantidade de trabalho necessária a esse movimento. De um lado, composição de valor, de outro, composição técnica do capital. É de notar que o capitalista começa ajuizando a relação de valor, calcula quanto deve gastar comprando meios de produção e pagando salário, mas essa relação de valor está **exprimindo** uma relação técnica possível, pois não vai comprar meios de produção e força de trabalho além do que as condições técnicas permitem, sempre ajusta os fatores evitando restos e desperdício. A essa expressão da composição técnica projetada na composição de valor Marx dá o nome de **composição orgânica do capital**, cujo movimento determina a lei geral da acumulação capitalista (K (*Das Kapital, 1951,* Dietz Verlag), I, 643 sgs: *O capital,* 1984, Abril Cultural, II, 187 sgs).

Há muita coisa a dizer a respeito dessa definição, mas me limitarei a sublinhar dois pontos. Antes de tudo, a composição orgânica do capital **exprime** um processo técnico em que as partes se congeminam segundo uma necessidade que se torna pressuposta à composição de valor. As quantidades de valor não são arbitrárias nem resultam exclusivamente do leilão que o mercado faz para determinar o preço de cada mercadoria comprada. Este se realiza dentro dos quadros delineados pela composição técnica, determinada por um dado nível da produtividade do trabalho. Mas, em compensação, o jogo dos valores influi no funcionamento da composição técnica. Em primeiro lugar, a ausência de um elemento previsto na composição – falta de um produto, greve operária etc. – trava o processo. Em segundo lugar, visando realizar seu investimento em termos de valor, o capitalista está sempre procurando aumentar a produtividade do trabalho, intensificar a atividade produtiva no lapso de tempo de que dispõe. Em outros termos, trata de aumentar a mais-valia relativa, resultante do acréscimo de produtividade exercida no tempo do trabalho operário disponível para ele. O capitalista, ou melhor o capital – pois é o conjunto do processo que move os agentes –, promove o processo tecnológico que, de um lado, potencia a mão de obra empregada, de outro, a poupa, cada vez empregando menos trabalhadores para produzir maior quantidade de produto expressa em maior quantidade de valor. Desse modo, a composição técnica não se exprime diretamente na composição de valor, como se cada termo de uma encontrasse seu representante na outra, como se esta fosse o mapa daquela. A composição orgânica do capital revela-se processo de expressão das forças produtivas na medida em que a proporção do ajuste adequado de tais forças se traduz numa proporção entre valores.

A descoberta desse processo de expressão torce os conceitos científicos herdados da Economia Política, conforme passam a ser vistos como expressões de identidades, cujo fundamento contraditório lhes escapa. A crítica da ideologia alemã, se examinava relações materiais de trabalho, tentando mostrar como o movimento das forças produtivas – sendo mobilizadas por um trabalho alienado, cujo parcelamento se cristalizava pelo intercâmbio, pelo comércio das mercadorias – determinava as ideias e a consciência teórica dos alemães. A tarefa consistia, pois, em indicar como o Direito, a Moral e a própria Ciência burguesa estão na dependência das condições de reprodução de uma dada sociedade, num dado momento da história. Depois de se apropriar do conceito ricardiano de valor, Marx reforma o conceito de capital, inventa os conceitos de mais-valia e de composição orgânica de capital, mostrando então como a linguagem da mercadoria transforma-se, no modo de produção capitalista, numa gramática do capital que estrutura as categorias com que lidam os agentes num plano expressivo, em que a contradição de cada termo gera um termo subsequente. A dialética hegeliana do Espírito converte-se na dialética do capital, desde que a unidade do valor, consolidada por uma ilusão necessária da completude do processo, adquire em si mesma a capacidade de se desdobrar em unidades mais complexas. Mas, em vez de exprimir o movimento de um Espírito que se pensa a si mesmo, em busca da fusão do inteligir com o inteligível, a dialética do capital exprime o desenvolvimento das forças produtivas, em particular aquela capacidade dos agentes serem postos por uma estrutura social em movimento. Desse modo, as condições materiais de existência, ao serem desenhadas por uma gramática cuja sintaxe é dada pelas categorias que demarcam relações sociais de produção e cuja semântica remete a forças produtivas, não podem mais se reportar à consciência, sejam quais forem suas formas teóricas e práticas, sem o intermediário de uma linguagem que articula o mundo da vida da sociedade capitalista. Entre o ser e o ser consciente a relação é outra, pois o próprio ser social se mostra discurso, travado por formas de pensar a produção da sociedade. Nada mais enganoso, portanto, do que imaginar que em *A ideologia alemã* Marx teria formulado sua teoria da história e da sociedade capitalista, na base de uma dialética das forças produtivas e do intercâmbio social e que, mais tarde, principalmente em *O capital*, a palavra "intercâmbio" (*Verkehr*) seria substituída por "relações sociais de produção". As condições de existência já estão gramaticalmente articuladas, de sorte que o real é simultaneamente práxis e pensamento.

X – O impasse

O primeiro volume de *O capital* foi publicado em 1867, em 1870 estourou a guerra franco-alemã, no ano seguinte irrompeu a Comuna de Paris. Mas o movimento proletário está dividido em marxistas, proudhonistas e anarquistas, cada facção pensando a seu modo a forma pela qual deve se estruturar o proletariado face a seus compromissos internacionais e nacionais. Para Marx e Engels, os trabalhadores não deveriam buscar um ideal fora das possibilidades do real, precisariam defender-se de qualquer utopia que os conduzisse à irresponsabilidade da política pequeno-burguesa. Cabia-lhes, sobretudo, liberar os elementos da nova sociedade que já estivessem forjados pelas condições socioeconômicas, enfim, descobrir o novo nas entranhas do velho. Que ciência, porém, há de determinar o que é novo e o que é velho? E os adversários de Marx o acusam de querer impor sua ciência numa luta que se dá sobretudo no plano político. O velho dilema entre a abolição da política pela Ciência e a politização da Ciência reaparece, trazendo consigo visões diferentes do papel do Estado. Marx tinha consciência de que a mesma batalha estava se repetindo. Já em 1866, depois de uma sessão do Conselho da Internacional, escrevia a Engels essas frases premonitórias: "Stirne-rianismo proudhonizado. Tudo decompor em pequenos 'grupos' ou 'comunas', formando uma 'união', nunca um 'Estado'. E essa 'individualização da humanidade', assim como o 'mutualismo' correspondente, deverão se efetivar enquanto a história interromperá seu curso em todos os outros países e o mundo inteiro esperará que os franceses estejam maduros para a revolução social. Eles então farão essa experiência sob nossos olhos, e todo o resto do mundo, subjugado pelo exemplo, fará como eles" (Carta de 20/6/1866). Os franceses de fato deram o exemplo, mas cada facção do movimento operário tira a lição que lhe convém. Depois da Comuna, a Internacional entra em declínio até ser extinta em 1873.

Depois desses episódios, contam-nos Boris Nicolaïevisky e Otto Maenschen-Helfen, Marx nunca mais reencontrou sua antiga capacidade de trabalho. Continuava a ler e a tomar notas incessantemente, acumulava documentos, mas perdera a força de sintetizá-los. Em 1878 acreditou que, em um ano, terminaria o segundo tomo de *O capital*, mas não conseguiu escrever mais do que páginas soltas. Aprendeu o russo. Se a Inglaterra lhe tinha servido para ilustrar os desenvolvimentos teóricos do primeiro volume, a Rússia deveria exemplificar suas análises sobre a renda da terra. Acumulou dois metros cúbicos de estatísticas russas, mas, dizem os biógrafos, isto não era apenas resultado de sua consciência científica, antes dissimulava a paralisia de suas forças criativas. Engels detestava esse material acumulado e, certo dia, confessa a Paul Lafargue, genro de Marx, que gostaria de queimá-lo, pois supunha que o escritor se escondia atrás dessa barreira para escapar à sua própria consciência e à insistência dos amigos. Depois da morte dele, ao ter acesso a esses manuscritos, Engels se surpreenderá ao verificar quão pouco o autor cumprira de sua tarefa e escreve, em 3 de agosto de 1883, para August Bebel: "Se eu o soubesse, não o teria deixado em repouso nem de dia nem de noite, até que tudo estivesse escrito e impresso. Marx sabia-o mais do que ninguém, e também sabia que se as coisas andassem de mal a pior, o que agora é o caso, seu manuscrito poderia ser publicado por mim, conforme seu espírito, o que ele mesmo aliás disse a Tussy". Com efeito, o livro II de *O capital* foi publicado em 1885 e o livro III, em 1894, ambos por Engels (Idem, 417).

No entanto, basta essa explicação psicológica? Não o creio. Há indícios de que Marx chegara a um impasse teórico, pois a análise da gramática do capital caminhava num sentido que o obrigaria a rever sua antiga ideia de Revolução. Em poucas palavras, conforme as categorias iam se desdobrando e se aproximando de uma descrição fenomenológica da realidade do processo de acumulação capitalista, a cada passo encontravam novos obstáculos na efetivação de suas identidades pressupostas. Em particular, aquelas responsáveis pela unidade dos operários em classe, ao invés de somarem-se numa identidade aglutinadora que lhes permitissem pautar as atividades que fizessem do proletariado o motor da história e o anjo exterminador do capital, passo a passo perdiam a medida que lhes permitia apontar para a unidade de uma classe para si. Em suma, em vez de radicalizar a oposição numa contradição, escapavam do processo de superá-la. Desde logo é sintomático que o tomo III se interrompe no capítulo sobre as classes sociais. Em vez daquela polarização das partes antagônicas que levam a superar a contradição assim realizada, ocorre uma espécie de desintegração de suas unidades pressupostas, de sorte que as categorias fibrilam e tendem a deixar de ser parâmetros de comportamento.

Examinemos este ponto com algum detalhe. A análise de cada categoria é acompanhada pela enumeração das condições históricas e sociais que permitem o movimento das formas. Recorrendo a outra linguagem, direi que o estudo dos modos de representação, do movimento conceitual, se associa ao estudo dos meios de apresentação dessas mesmas formas. Isso acontece desde o primeiro capítulo do tomo I: depois de examinar o movimento categorial que define o conceito de mercadoria, Marx, no segundo capítulo, passa a analisar o processo efetivo das trocas, visto que "as mercadorias não podem ir sozinhas ao mercado e se trocar". Para tanto, os indivíduos, responsáveis por sua guarda, precisam se comportar como pessoas, cuja vontade reside nessas coisas, de modo a interagirem se pondo de acordo e se reconhecendo como proprietários. Nada mais falso, portanto, do que imaginar que, se o indivíduo exibe (*trägt*) uma categoria – o mercador, a mercadoria; o capitalista, o capital; o operário, o capital variável, e assim por diante –, ele tenha exclusivamente as determinações que a categoria imprime nele. Ainda se determina pelas condições necessárias para que a forma se desdobre e encontre seu outro e se mostre como existente.

Compreende-se então por que Marx não pode aceitar a interpretação hegeliana da propriedade, resultante da expressão do sujeito no objeto, muito menos a interpretação de Proudhon, que dela faz um roubo. Ambos estão pensando a relação de propriedade no nível da relação do sujeito com o objeto, quando ela precisa ser vista tanto a partir das condições formais que, sendo diferentemente estruturadas para definir a mercadoria, o capital, o lucro, o juro etc., requerem suportes diferentes; quanto sob o prisma das condições de existência que asseguram a efetividade de tais figuras do pensamento. A forma mercadoria desdobra-se a partir da oposição entre valor de uso e valor de troca, mas esta forma somente existe se indivíduos passam a agir entre si como pessoas responsáveis pelos contratos pactuados. Mas a forma capital, completamente desenvolvida, diferencia-se no capital investido em meios de produção a fim de produzir lucros, naquele outro investido na terra para produzir renda, naquele que simplesmente compra dinheiro para obter mais dinheiro, a saber, capital a juros e, por fim, naquela quantidade de valor de posse do trabalhador que este vende ao capitalista para receber salário. No fundo, cada uma dessas formas se apresenta como uma relação de propriedade que está sendo sistematicamente reiterada pelas relações sociais de produção correspondentes.

Daí a pergunta: como os indivíduos se determinam para que possam comportar-se como membros de uma classe, isto é, se constituírem, de um lado, como empresários associados aos proprietários da terra e do capital a juros – esses dois últimos dividindo com os primeiros a mais-valia total adquirida –, de outro lado, os assalariados criadores dessa mesma mais-valia? Noutras palavras, quais são as condições necessárias para que cada figura das relações sociais de produção possa conformar indivíduos na qualidade de seus respectivos guardiões? É de notar que o conceito marxista de classe nunca poderia ser confundido com aquele proposto pela sociologia positiva, que desenha o mapa da organização social de uma sociedade **dada**, quer tomando parâmetros de diferenciação (níveis de renda, por exemplo), quer capturando os diversos sentidos que orientam suas ações sociais respectivas. Muito menos ele poderia resolver-se no movimento de um grupo social que, sendo em si segundo certos determinantes, vem a ser para si ao tomar consciência de tais determinações; a questão não é de consciência mas de prática reflexiva. A classe há de constituir-se tanto no relacionamento formal de um grupo social com seu outro, seu polo antagônico, quanto na confirmação de determinações que ela precisa ter para assegurar sua a existência na qualidade de expressão e portadora de uma forma de sociabilidade.

Ser promotor do capital variável é a primeira determinação formal do operário. Mas se a contradição entre capital constante e variável funda o modo de produção capitalista, como ela se manifesta quando o capital se diferencia nas suas formas mais complexas? No nível das ações individuais, cada capitalista está diante de três escolhas possíveis ao mobilizar a riqueza de que é proprietário. Em primeiro lugar, pode investi-la em fatores de produção com o intuito de obter **lucro**, determinando-se assim como empresário; em segundo, comprar terra ou um prédio para retirar uma **renda**, assumindo o papel de proprietário fundiário; em terceiro, colocar a **juros** seu dinheiro num banco, tornando-se um capitalista financeiro. Do outro lado da relação se encontra o operário vendendo sua força de trabalho em troca de **salário**, mas que está, do ponto de vista do capital, representando o capital variável. Posto que a taxa de juros se liga intimamente à taxa de lucro, Marx considera as relações capital-lucro, terra-renda, trabalho-salário como as três formas que

trabalho social, dando por resolvida a questão de como o primeiro se converte no segundo, no contexto de uma sociabilidade que despreza qualquer vínculo social prévio e sublinha unicamente aquelas relações necessárias ao contrato de compra e venda de produtos.

Quais são os efeitos do desenvolvimento tecnológico nesta transformação do trabalho individual em trabalho coletivo, este devendo manter as condições de abstração requeridas pelo capital? Pergunta nuclear, pois a diferença entre trabalho produtivo e improdutivo depende da forma dessa separação: produtivo é aquele trabalho que se socializa graças a uma abstração, que tanto revela seu caráter natural de dispêndio de força humana quanto informa seu caráter social, conforme torna mensuráveis aquelas atividades necessárias para que uma sociedade se constitua em função da exploração do mais-valor. Na base dessa abstração reside o pressuposto de que qualquer vantagem na produtividade do trabalho será abolida com a divulgação progressiva da nova técnica, a que, em princípio, todos os agentes têm acesso.

No fim da década de 1850, entretanto, o próprio Marx percebe que o desenvolvimento da grande indústria põe em xeque esse pressuposto. Sobre o desenvolvimento tecnológico escreve páginas luminosas e premonitórias, que nos últimos tempos foram objeto de amplo debate; mas, não havendo espaço para segui-lo, cumpre assinalar apenas dois pontos importantes para esta introdução. Em primeiro lugar, o objeto do processo de trabalho passa a ser a grande máquina, cujas peças foram ligadas entre si por meio do conhecimento científico. Ao trabalhador cabe ser o guardião desse objeto mecânico, de sorte que o “desenvolvimento do indivíduo social [é] que aparece como o grande pilar da produção e da riqueza”.

Em segundo lugar, criada uma enorme massa de tempo disponível, a apropriação do trabalho alheio, em que se assenta a riqueza atual, aparece como base minúscula e miserável diante da produtividade social inscrita na infraestrutura tecnológica. Por isso, "*o sobretrabalho da massa* deixa de ser condição da riqueza social em geral, assim como o *não trabalho de poucos* [deixa de ser condição] do desenvolvimento dos poderes gerais do cérebro humano. Com isso entra em colapso a produção apoiada sobre o valor de troca, o processo da produção material despe-se ele próprio da forma da necessidade premente do antagonismo" (*Grundrisse der Kritik der Politischen Ökonomie*,1953, Dietz Verlag, 585. Tr. infra p. 185).

É de notar que essa suspensão da lei do valor trabalho se dá no quadro pressuposto de sua validade, pois os investimentos continuam a serem feitos em vista do lucro, na base de uma sociabilidade *sui generis*, embora a medida do valor seja impedida pela diversidade intrínseca da produtividade dos trabalhos, agora impossibilitados de serem reduzidos a uma unidade homogênea. Se a produção se cliva em várias faixas de produtividade média, torna-se impossível os diversos capitais se fecharem na identidade do capital social total, aquela totalidade que deveria presidir toda a dispersão das atividades produtivas. Marx, porém, não continua a investigar nessa direção. Nos textos reunidos por Engels no livro III de *O capital,* enuncia a famosa lei da tendência à queda da taxa de lucro, colocando assim no horizonte do sistema um fechamento que o levaria ao colapso. Se a taxa de lucro tende a zero, não desaparece o motivo para os capitalistas investirem? Com efeito, se todo o movimento do capital se funda na contradição entre capital constante e capital variável, se cada passo no desenvolvimento tecnológico aumenta a composição orgânica desse capital, isto é, a relação entre capital constante e capital variável, posto que a mais-valia se cria a partir desse último, necessariamente deve cair a taxa de lucro, isto é, a mais-valia dividida pelo capital constante. Fenômeno que nada mais exprime do que a crescente produtividade do trabalho empurrada pela busca da mais-valia relativa. Mas no mesmo texto o próprio Marx reconhece que várias forças emperram essa tendência, embora continue a raciocinar supondo que se forme uma única taxa de mais-valia. Mas até quando é necessário manter essa hipótese? O capitalismo de nossos dias não explora precisamente os diferentes níveis de produtividade do trabalho coletivo?

É preciso não perder de vista que o esgarçamento das categorias secundárias, conforme o conceito de capital se desdobra, sempre se faz tendo como pressuposto o princípio da lei do valor-trabalho. Isto é explícito no próprio texto sobre a grande indústria: "A troca de trabalho vivo por trabalho objetivado, isto é, a posição do trabalho social na forma da oposição entre capital e trabalho assalariado – é o último desenvolvimento da *relação valor* e da produção que repousa sobre o valor. Sua pressuposição é e permanece a massa do tempo de trabalho imediato, o *quantum* do trabalho utilizado como fator decisivo da produção da riqueza" (*Grundrisse,* 592. Tr. infra p. 183). Mas como esse pressuposto é reposto? Estamos vendo que isso somente acontece por vias indiretas, promovendo no interior do próprio modo de produção capitalista bolsões que o contradizem, que escapam de seu controle, embora subsistam no interior de uma economia armada para o lucro, por conseguinte, na base da oposição entre trabalho morto e trabalho vivo.

Mas a oposição visada não está sendo reposta, no final do processo circular da produção, pelos elementos que a efetivariam.

Se esse resultado parece indicar formas não capitalistas de produção que anteveriam um modo de produção futura, ele coloca, em contrapartida, um problema insolúvel para a política defendida por Marx: que base formal teria o proletariado para se constituir em classe quando as categorias mais complexas do sistema fibrilam, isto é, colocam-se como pressuposto das ações dos atores sem contudo fornecer-lhes os meios de **medir** a parte da riqueza social que lhes cabe? Como a contradição entre capital constante e capital variável, sempre sendo pressuposta, poderá encontrar suas determinações quantitativas, que somente se configuram na comprovação do ato de medir? E se, além do mais, se esboroa a oposição entre trabalho produtivo e improdutivo – como calcular o trabalho produtivo que produz um computador ou se realiza por ele? – onde os operários vão encontrar a medida que os transformaria em classe social? E sem essa demarcação, como o objeto da produção da riqueza social, parte do trabalho morto sempre requerido por ela, converter-se-ia no sujeito que, além de construí-la, seria capaz de se apropriar dela? Por isso desconfio que entre o pensamento econômico de Marx e seu pensamento político se abre um abismo travando a continuidade de seu trabalho. Não é à toa que permanece inacabado. Marx, como os melhores pensadores do Ocidente, termina por levar ao limite uma forma de pensar, sua atividade criadora é mais forte do que a armação que levantou, de sorte que, quando seu discurso perde o pé, não lhe resta outro recurso a não ser escrever textos inconciliáveis entre si.

XI – DOUTRINA DA HISTÓRIA

Se a História é a ciência de que o movimento operário deve lançar mão a fim de que possa alcançar seus objetivos políticos e, desse modo, liberar a humanidade do flagelo da luta de classes, cabe então perguntar o que Marx entende por ela. É interessante lembrar que Engels, ao proferir a oração fúnebre com que se despede de seu amigo dileto, morto em 14 de março de 1883, o saúda como o Charles Darwin da História, aquele que teria conseguido estabelecer suas leis fundamentais. Mas as leis que regem os acontecimentos históricos são do mesmo tipo daquelas que regem a evolução das espécies? Por certo o próprio Marx indica, no prefácio à primeira edição de *O capital*, que pretende estudar "o desenvolvimento da formação econômica da sociedade como um processo histórico natural" (*K*, I, 8, tr.13). Para que haja, porém, essa identificação dos dois tipos de lei, biológica e humana, seria preciso desenvolver uma dialética da natureza, tarefa de que Engels se incumbiu sem muito sucesso. Além do mais, não são as categorias "formas de pensamento", por conseguinte, formas de uma atividade de que os animais só possuem no modo mais primitivo? Seja como for, porém, o que importa neste momento é examinar brevemente o que Marx entende por História, pois só então será possível comparar seus conceitos com aqueles aplicáveis a outras ciências naturais.

Desde o início, como já assinalei, as categorias que armam a crítica da Economia Política não são conceitos positivos, no sentido corriqueiro de modelos do real, pois enquanto formas de pensar são tanto regras de pensamentos concretos quanto formas que, através dos objetos pensados, são determinadas por uma relação específica de alteridade. Daí a necessidade de distinguir uma "história contemporânea" de uma história do vir a ser dos fenômenos (*Grundrisse, 363*). A primeira diz respeito ao desenvolvimento categorial de um sistema, a todos aqueles pressupostos que, sendo postos e repostos, asseguram sua identidade. A segunda examina aquelas condições, necessárias para sua implantação, que contudo não são reproduzidas por ele. Por exemplo, o modo de produção capitalista pressupõe a existência do trabalho livre oferecido no mercado, o qual, por sua vez, é criado por ele. Mas o capitalismo não se teria instalado na Europa se a crise do sistema feudal não levasse os servos a fugirem do campo para a cidade. No entanto, outros fatores poderiam ter desempenhado o mesmo papel.

Importa notar que, **dada** a história contemporânea, é que surgem os problemas da história do vir a ser. Isto fica bem claro no célebre texto sobre as formas pré-capitalistas de produção, traduzido na segunda parte desse livro. O modo de produção capitalista assenta-se sobre dois pressupostos, o trabalho assalariado e a separação do trabalho livre com respeito às suas condições de realização, condições, aliás, recriadas por ele. Cabe então examinar como foram possíveis o assalariamento e essa separação, visto que, nas condições naturais, o trabalho só pode existir se conformar um objeto mobilizando instrumentos. Noutros termos, como o processo de trabalho pode inserir-se num modo de produção em que ele se torna separado das condições de sua efetividade? O exame desse processo não se faz, porém, em termos empíricos, históricos, no sentido que emprestamos habitualmente a essa palavra. Não se montam séries de fenômenos ligados pela relação de causa e efeito nem se procuram relações funcionais entre as partes de um todo. Postas as duas questões, compra e venda da força de trabalho e separação entre ato de trabalho e objeto e meios de produção, Marx trata de examinar como a apropriação do objeto e dos instrumentos, através do processo de trabalho, pode criar formas sociais diferentes à medida que seus elementos relativamente se individualizam e se combinam, tendo em vista uma comunidade, que também ela se individualiza e se configura nesse seu relacionamento com os elementos simples de que se compõe. O material empírico vai servindo para dar carne a essas diferenças formais.

As relações de propriedade são, portanto, a face aparente de relações sociais de produção. Mas, e isto é muito importante, tais relações se desenham em vista da maneira pela qual os indivíduos – homens e coisas – se destacam do contexto coletivo, a forma natural de associação vindo a ser histórica conforme vai sendo reposta, numa reflexão em que o pensamento dos agentes atua em seus atos. Mas esse processo de constituição de formas de sociabilidade, as quais vão ocupando um espaço lógico virtual formado por suas respectivas diversificações, também carrega em si um vetor destrutivo. Desde que o trabalhador é transformado em meio de produção a serviço de outrem, cria na unidade do sistema o perigo de seu desequilíbrio: o escravo ou o servo são fontes perturbadoras que não podem ser cerceadas no nível desse mesmo processo econômico. Não há sistema escravo sem modos não econômicos de coerção. Mas essa negatividade interna a tais modos de produção não os superaria num sistema mais complexo se a troca de mercadorias não os comesse pela borda. É de fora para dentro que o intercâmbio mercantil corrói os outros modos de produção, integra-os numa única temporalidade que termina na história contemporânea do capital. Desde que o trabalho foi separado de outros vínculos sociais e desde que existe um patrimônio na forma de dinheiro suficientemente acumulado, o capital surge como a melhor solução possível para os impasses provocados pelo desenvolvimento das formas anteriores. Desse modo, a comunidade aliena-se na comunidade das coisas, o trabalho libera-se de suas peias naturais, passando a cuidar de fatores reificados. Mas a liberdade da compra e venda equitativa da força de trabalho encobre um processo profundo de exploração e dominação. Assim sendo, é o capital que, dispondo os modos de produção anteriores como um único processo de seu vir a ser, gera a história universal, conforme anuncia ou integra em seu movimento de totalização formas pré-capitalistas de produção.

A pré-história do capitalismo seria a pré-história da humanidade se a história contemporânea do capital – essa esfera autônoma do movimento das formas, cuja autonomia contudo é tão só uma **aparência necessária** (*Grundrisse*, 409, tr. infra p. 174) – fosse capaz de produzir uma parte simples, cujo movimento viesse a exprimir a totalidade das outras partes possíveis, tanto no seu andamento positivo quanto negativo. Em resumo, se o movimento reflexionante for capaz de transpassar por completo seu lado aparente sem deixar qualquer resto. Desse modo, a gramática do capital, por trazer em si uma contradição, também carregaria o empuxe de sua superação.

O capital variável traz vida nova para a totalidade do sistema, surge **como se** fosse parte do capital, trabalho morto, embora seja a única fonte de mais-valor. Mas se ele revigora a comunidade das coisas, com a introdução de máquinas tecnologicamente avançadas, também vê anulada sua capacidade negadora: coloca-se medido como trabalho morto, mas se exerce dissolvendo a fronteira entre trabalho produtivo e improdutivo de mais-valia, vale dizer, impossibilitando a medida que lhe foi imposta. Denuncia na prática a **ilusão** de fechamento do sistema, necessária para que ele seja posto como morto. Marx paga o preço de sua grande descoberta: a sociabilidade capitalista é metafísica, funciona como um deus capaz de criar seu próprio mundo, mas a criação divina consiste na aparência da criação de um trabalho, que perde sua forma natural de se socializar.

A força das coisas não carrega em seu bojo o motor de sua transformação em espírito, como queria Hegel. As coisas sensíveis/suprassensíveis perdem seus perfis ao longo do caminho de suas próprias individuações. Os processos responsáveis por suas respectivas produções, ao invés de se transformarem em discurso, em Verbo referindo-se a si mesmo conforme o mundo mostra-se o lado opaco de sua atividade pura, escapam da rede que os transformavam em coisas medidas e fazem valer o peso da matéria que o capital não é capaz de dizer. As relações sociais de produção não podem mais exprimir a totalidade das forças produtivas que elas mobilizam, a própria comunidade que o capital postula e repõe como força produtiva foge da maneira pela qual ele deveria exprimi-la. Mas, ao perder esse modo de expressão, ao deixar de serem subsumidas a categorias fibriladas, essas forças terminam por escapar do controle do próprio capital. Se ele mesmo constitui a principal força produtiva contemporânea, mobiliza-se uma segunda natureza cujas partes passam a ser associadas pelo poder da Ciência, mas se, em contrapartida, tudo o que ele move está expulsando de si partes que ele não sabe dizer e controlar, coloca-se a tarefa de conciliar as contradições que ele cria sem poder resolver no mesmo plano em que se move. A história contemporânea escapa de sua gramática e perde de vez sua referência natural.

Nasce assim a necessidade de inventar processos que venham ao menos diminuir os efeitos destruidores dessas contradições. Esta não seria a tarefa da política no mundo contemporâneo? Mais do que o jogo do poder pelo poder, circunscrito por uma gramática própria, essa política, para que não seja impossibilitada pela dispersão das forças econômicas atuais, requer que se proponha a colocar um limite na expansão de forças produtivas que criam tanto a riqueza quanto a miséria dos homens.

Posta, porém, nesses termos, a política há de ser mais do que mera descoberta do novo entranhado no velho, mais ainda do que a invenção que se contenta com a volúpia do negativo. Pois o novo, se de fato está prefigurado no velho, não encontra nele as forças para romper o círculo da indefinição que o abafa. A nova invenção só pode assim ganhar sentido e energia para vir a ser conforme for capaz de propor nova medida para a força produtiva primordial, que é a maneira dos homens se associarem entre si para resolverem os problemas colocados pelo metabolismo que mantêm com a natureza, a qual, se agora é segunda, sempre coloca problemas cuja solução deixa de estar inscrita nela.

Textos de Karl Marx

Teses sobre Feuerbach*

1

A principal falha de todo materialismo até agora (incluso o de Feuerbach) é compreender o objeto (*Gegenstand*), a efetividade, a sensibilidade apenas sob a forma de *objeto (objekt) ou de intuição*, e não como *atividade humana sensível, práxis;* não de um ponto de vista subjetivo. Daí ter sido o idealismo, em oposição ao materialismo, que desenvolveu o lado *ativo*, mas de modo abstrato, pois naturalmente não conhece a atividade efetiva e sensível como tal. Feuerbach quer objetos sensíveis – efetivamente diferenciados dos objetos de pensamento, mas não compreende a própria atividade humana como atividade *objetiva*. Por isso considera, em *A essência do cristianismo*, o comportamento teórico como aquele autenticamente humano, enquanto a *práxis* só é compreendida e fixada em sua forma fenomênica, judia e suja. Não entende por isso o significado da atividade "revolucionária", "prático-crítica".

2

A pergunta se convém ao pensamento humano uma verdade objetiva não é teórica mas *prática*. É na *práxis* que o homem deve demonstrar a verdade, a saber, a efetividade e o poder, o caráter terreal de seu pensamento. A disputa sobre a efetividade ou não efetividade do pensamento – isolado da *práxis* – é uma questão puramente *escolástica*.

* Tradução revista de José Arthur Giannotti. (N.E.)

3

A doutrina materialista sobre a mudança das circunstâncias e da educação se esquece de que tais circunstâncias são alteradas pelos homens e que o próprio educador deve ser educado. Deve por isso separar a sociedade em duas partes – uma das quais se coloca acima da outra.

A coincidência da alteração das circunstâncias com a atividade humana e a alteração de si próprio só pode ser compreendida e entendida racionalmente como *práxis revolucionária.*

4

Feuerbach parte do fato da autoalienação religiosa, da duplicação do mundo em religioso e mundano. Seu trabalho consiste em resolver o mundo religioso em seu fundamento mundano. Mas que esse fundamento se eleve a si mesmo e se fixe nas nuvens como reino autônomo, isto só se ilumina a partir do autodilaceramento e da autocontradição do próprio fundamento mundano. Este deve ser pois entendido tanto em si mesmo, em sua contradição, quanto praticamente revolucionado. Assim, por exemplo, a noção que a família terrestre é o segredo da sagrada família, é a primeira que deve ser teórica e praticamente negada.

5

Feuerbach, descontente com o *pensamento abstrato*, recorre à *intuição,* mas não compreende a sensibilidade como atividade prática, humana e sensível.

6

Feuerbach resolve a essência religiosa na essência *humana*. Mas a essência humana não é [algo] abstrato residindo no indivíduo singular. Em sua efetividade é o conjunto das relações sociais.

Feuerbach, que não empreende a crítica dessa essência efetiva, é por isso forçado:

1. A abstrair o curso da história e fixar o sentimento religioso como para si, pressupondo um indivíduo humano abstrato e *isolado*;

2. Por isso a essência só pode ser compreendida como "gênero", como generalidade interna, muda, que liga os múltiplos indivíduos de *modo natural*.

7

Feuerbach não vê, pois, que o próprio "sentimento religioso" é um produto social e que o indivíduo abstrato, analisado por ele, pertence a uma determinada forma social.

8

Toda vida social é essencialmente *prática*. Todos os mistérios, que induzem as doutrinas para o misticismo, encontram sua solução racional na *práxis* humana e na compreensão dessa prática.

9

O cúmulo a que leva o materialismo intuitivo, a saber, o materialismo que não compreende a sensibilidade como atividade prática, é a intuição dos indivíduos singulares e da sociedade civil-burguesa.

10

O ponto de vista do velho materialismo é a sociedade civil-burguesa, aquele do novo materialismo é a sociedade humana ou a humanidade social.

11

Os filósofos limitaram-se a *interpretar* o mundo de maneira diferente, mas cabe chegar a *transformá-lo*.

Formas que precedem a produção capitalista

*(Sobre o processo que precede a formação da relação do capital ou que precede a acumulação primitiva)**

Tradução de Luciano Codato

Se o trabalho livre e a troca desse trabalho livre por dinheiro, para reproduzir e valorizar o dinheiro, para ser consumido como valor de uso pelo dinheiro, não para o desfrute, mas como valor de uso para o dinheiro, é pressuposição do trabalho assalariado e uma das condições históricas do capital, então uma outra pressuposição é a separação do trabalho livre em relação às condições objetivas de sua efetivação – o meio de trabalho e a matéria do trabalho. Antes de tudo, portanto, dissociação do trabalhador em relação à terra como seu

* Do original: *Grundrisse der Kritik der politischen Ökonomie* (*Rohentwurf*) (1857-8), Dietz Verlag, Berlim, 1953, p. 375-413. – O presente texto foi publicado na edição alemã dos *Grundrisse* a partir dos cadernos de Marx, em sua forma original de rascunho, não destinado inicialmente à publicação. A tradução procurou preservar a forma inacabada do manuscrito, apesar de suas dificuldades sintáticas (elipses, repetições etc.), conservando as características do original. Reproduziu-se a divisão das frases e dos parágrafos, a inserção de trechos avulsos e de passagens extraídas da bibliografia utilizada por Marx (indicados por colchetes duplos), e a ocorrência frequente de expressões estrangeiras. Foram mantidos para os casos de intervenção direta do tradutor os mesmos sinais da edição alemã que indicam esse procedimento por parte dos editores (colchetes simples). O texto de Marx foi cotejado com a tradução de P. Scaron (espanhol), e eventualmente com as traduções, bem mais livres, de J. Cohen (inglês), M. Rubel/J. Malaquais e R. Dangeville (francês). Esta versão final foi cotejada com a tradução parcial de Viktor von Ehrenreich (Ática: 1984), bastante fiel ao original. A tradução foi revisada por Marcio Sattin. (N.T.)

local natural de trabalho – daí a dissolução da pequena propriedade fundiária livre, assim como da propriedade fundiária comunitária, baseada na comuna oriental. Em ambas [essas] formas, o trabalhador comporta-se em relação às condições objetivas de seu trabalho como sua propriedade; essa é a unidade natural do trabalho com suas pressuposições reais. O trabalhador, assim, possui uma existência objetiva independente do trabalho. O indivíduo comporta-se em relação a si mesmo como proprietário, como senhor das condições de sua efetividade. Comporta-se do mesmo modo em relação aos outros – e conforme essa *pressuposição* está posta como decorrente da comunidade ou então das famílias individuais que constituem a comuna, comporta-se em relação aos outros como coproprietários, tantas outras encarnações da propriedade comum, ou então como proprietários autônomos ao lado dele, proprietários privados autônomos –, ao lado dos quais a propriedade comum, que antes absorvia tudo e todos sobrepujava, está posta ela mesma como *ager publicus** particular ao lado dos vários proprietários fundiários privados.

Em ambas [essas] formas, os indivíduos comportam-se não como trabalhadores, mas proprietários – e membros de uma comunidade que ao mesmo tempo trabalham. O fim desse trabalho não é *geração de valor* – embora possam efetuar trabalho excedente para trocar produtos *alheios*, *i. e.*, produtos excedentes; mas seu fim é a manutenção dos proprietários individuais e de suas famílias, assim como do conjunto da entidade comunal. A posição do indivíduo como [posição] de um *trabalhador*, nesta nudez, é ela mesma produto *histórico*.

* Terra pública, solo comunitário. (N.T.)

Na primeira forma dessa propriedade fundiária, aparece desde logo como primeira pressuposição uma comunidade que surge de maneira natural (*naturwüchsige*). Família e a família ampliada em tribo por *intermarriage* entre famílias, ou combinação de tribos. Uma vez que podemos admitir que o *apascentamento*, sobretudo o *nomadismo*, [é] a primeira forma dos modos de existência, [e] que a tribo não se estabelece em uma determinada sede, mas faz de pastagem o que encontra disponível – os seres humanos não são por natureza sedentários (pois teriam de viver em um ambiente natural em particular tão frutífero, de maneira que se assentassem como macacos em uma árvore; se não *roaming*, como os animais selvagens) –, então a entidade comunitária tribal, a comunidade natural aparece não como *resultado*, mas *pressuposição da apropriação comunitária* (temporária) e da *utilização do solo*. Ao estabelecer-se, afinal, o quanto essa entidade comunitária primitiva irá mais ou menos modificar-se dependerá então de diversas condições externas – climáticas, geográficas, físicas etc. –, assim como de sua disposição natural particular – de seu caráter como tribo. A entidade comunitária tribal que surge de maneira natural ou, se se quiser, o *gregarismo*, é a primeira pressuposição – a comunhão em sangue, língua, costumes etc. – da *apropriação das condições objetivas* da vida dessa comunidade e da atividade que reproduz e objetifica essa vida (atividade como pastores, caçadores, agricultores etc.). A terra é o grande local de trabalho, o arsenal que fornece o meio de trabalho assim como a matéria do trabalho e a sede, a *base* da comunidade. Eles comportam-se ingenuamente em relação à terra como a *propriedade da comunidade*, da comunidade que se produz e reproduz no trabalho vivo. Como *proprietário* ou *possuidor*, cada indivíduo comporta-se apenas como elo, como *member* dessa comunidade. A *apropriação* efetiva pelo processo do trabalho ocorre sob essas *pressuposições*, que não são elas mesmas *produto* do trabalho, mas antes aparecem como pressuposições naturais ou *divinas* do trabalho. Essa forma, no fundamento da qual encontra-se a mesma relação elementar, pode realizar-se muito diversamente. Por exemplo: não a contradiz de modo nenhum o fato de, tal como na maioria das formas elementares *asiáticas*, a *unidade abrangente*, que está acima de todas essas pequenas comunidades, aparecer como o *proprietário* superior ou como o *único proprietário*, e que assim as comunas efetivas apareçam apenas como possuidores *por herança*. Uma vez que a *unidade* é o proprietário efetivo e a pressuposição efetiva da propriedade comunitária – então essa mesma unidade pode aparecer como um *particular* acima das várias comunidades particulares efetivas, em que o indivíduo é assim *in fact* sem-propriedade, ou a propriedade – *i. e.*, o comportamento do indivíduo em relação às condições *naturais* do trabalho e da reprodução como condições que lhe pertencem, como as condições objetivas, como natureza inorgânica, o corpo de sua subjetividade que é encontrado disponível – aparece-lhe mediada pela cessão da unidade conjunta aos indivíduos – unidade conjunta que está realizada no déspota como o pai das várias comunidades –, pela mediação da comuna particular. O produto excedente – que aliás é determinado legalmente em consequência da apropriação efetiva pelo trabalho – pertence com isso por si mesmo a essa unidade suprema. Assim, em meio ao despotismo oriental e à ausência de propriedade que nele parece existir juridicamente, existe de fato, como fundamento, essa propriedade tribal ou comunal, engendrada na maioria das vezes por uma combinação de manufatura e agricultura no interior da pequena comuna, que se torna assim inteiramente *self-sustaining* e contém em si mesma todas as condições da reprodução e da produção excedente. Uma parte de seu trabalho excedente pertence à entidade comunitária superior, que por fim existe como *pessoa*, e esse trabalho excedente se faz valer no tributo etc., assim como nos trabalhos em comum em homenagem à unidade, em parte em homenagem ao déspota efetivo, em parte à entidade tribal imaginária, ao deus. Ora, essa espécie de propriedade comunal, na medida em que se realiza efetivamente no trabalho, pode então aparecer de tal maneira que as pequenas comunas vegetem de modo independente uma ao lado das outras, e o indivíduo em si mesmo trabalhe de modo independente com sua família no lote que lhe foi indicado (um trabalho destinado à *provisão comunitária*, *insurance*, por assim dizer, de um lado, e ao *custeio do sustento da comunidade como tal*, assim à guerra, a cultos religiosos etc.; o *dominium* senhorial, no sentido mais primitivo, encontra-se primeiramente aqui, por exemplo, nas comunas eslavas, romenas etc. Aí reside a passagem para a corveia etc.); ou então a unidade pode estender-se à comunhão no próprio trabalho, que pode ser um sistema formal como no México, no Peru em particular, entre os antigos celtas e em algumas tribos hindus. Além disso, essa comunhão no interior da entidade tribal pode aparecer ainda de tal maneira que a unidade esteja representada em um chefe da família tribal, ou então como o inter-relacionamento dos pais de família. Desde então, forma mais despótica ou mais democrática dessa comunidade. As condições comunitárias da apropriação efetiva pelo trabalho, [por exemplo] *aquedutos*, muito importantes entre os povos asiáticos, meios de comunicação etc., aparecem então como obra da unidade superior do governo despótico que paira acima das pequenas comunas. Aqui as cidades propriamente ditas formam-se ao lado dessas aldeias, em particular onde [há] ponto favorável para o comércio exterior; ou onde o chefe de Estado e seus sátrapas trocam seu *revenu* (produto excedente) por trabalho, despendem esse *revenu* como *labour-funds*.

A segunda forma – e ela, como a primeira, engendrou modificações essenciais, local e historicamente etc. –, o produto de uma vida histórica mais dinâmica, dos destinos e da modificação das tribos primitivas – também supõe a *comunidade* como primeira pressuposição, mas não como no primeiro caso, como substância da qual os indivíduos são meros acidentes ou configuram partes constitutivas pura e naturalmente –, ela não supõe o campo como a base, mas a cidade como sede (centro)* já estabelecida dos camponeses (proprietários fundiários). O acre aparece como território da cidade; não a aldeia como mero anexo do campo. A terra em si – por mais que possa oferecer obstáculos para ser lavrada, para ser apropriada efetivamente – não oferece nenhum obstáculo para que o indivíduo se comporte em relação a ela como sua natureza inorgânica, seu local de trabalho, como o meio de trabalho, objeto de trabalho e meio de subsistência (*Lebensmittel*) do sujeito. As dificuldades que a entidade comunal encontra só podem provir de outras entidades comunais que já ocuparam o solo ou ameaçam a comuna em sua ocupação. Assim, a guerra é a grande tarefa conjunta, o grande trabalho comunitário exigido seja para

* No manuscrito, "(centro)" aparece sem parênteses sobre "sede" (nota da edição alemã).

ocupar as condições objetivas da existência vital, seja para proteger e perpetuar a ocupação dessas condições. A comuna constituída por famílias [está] pois organizada desde logo para a guerra – como entidade bélica e militar, e esta [é] uma das condições de sua existência como proprietária. A concentração dos domicílios na cidade [é o] fundamento dessa organização guerreira. A entidade tribal em si conduz a linhagens superiores e inferiores, uma diferença que se desenvolve ainda mais pela mistura com as tribos subjugadas etc. A propriedade comunal – como propriedade do Estado, *ager publicus* – [está] aqui separada da propriedade privada. Aqui a propriedade do indivíduo não [é], como no primeiro *case*, ela mesma imediatamente propriedade comunal – segundo o que a propriedade do indivíduo, assim, não [está] separada da comuna, indivíduo que é antes tão-só possuidor na comuna. De fato, quanto menos a propriedade do indivíduo puder ser valorizada tão-só pelo trabalho em comum – tal como os aquedutos no Oriente por exemplo –, tanto mais o caráter puramente natural da tribo [é] fendido pelo movimento histórico, [pelo] nomadismo; quanto mais longe se distancie a tribo de sua sede primitiva, ao ocupar solos *alheios* – entrando essencialmente em novas condições de trabalho, portanto, e a energia do indivíduo estando mais desenvolvida – seu caráter em comum aparece exteriormente mais como unidade negativa e assim tem de aparecer –, tanto mais [são] dadas as condições para que o indivíduo se torne *proprietário privado* do solo – de parcelas particulares –, cuja lavoura particular cabe a ele e a sua família. A comuna – como Estado – é de um lado o inter-relacionamento desses proprietários privados livres e iguais, seu vínculo perante o exterior, e é ao mesmo tempo garantia deles. A entidade comunal aqui se baseia no fato de seus membros consistirem em proprietários fundiários que trabalham, agricultores de parcelas, assim como a autonomia dos últimos consiste na segurança do *ager publicus* em vista das carências comunitárias e da glória comunitária etc., por seu inter-relacionamento como membros da comuna. Permanece aqui a pressuposição de ser membro da comuna para a apropriação do solo, no entanto como membro da comuna o indivíduo é proprietário privado. Ele relaciona-se com sua propriedade privada como solo, mas ao mesmo tempo [com ela] como seu ser enquanto membro da comuna, e sua conservação como tal é tanto a conservação da comuna quanto vice-versa etc. Uma vez que a comuna – embora já [seja] aqui *produto histórico*, não apenas segundo o *fact*, mas reconhecida como tal, logo [comuna] *que surgiu* – aqui [a comuna é] pressuposição da *propriedade* do solo – *i. e.*, do relacionamento do sujeito que trabalha com as pressuposições naturais do trabalho como pertencentes a ele –, esse pertencimento [está] mediado pelo ser do sujeito como membro do Estado, pelo ser do Estado – daí por uma *pressuposição* que é considerada divina etc. Concentração na cidade, com o campo como território; para o consumo imediato, pequena economia de lavoura no campo; manufatura como ofício doméstico paralelo das esposas e filhas (fiação e tecelagem) ou tornada autônoma apenas em ramos individuais (*fabri* etc.). A pressuposição da permanência da comunidade é a conservação da igualdade entre seus *peasants self-sustaining* livres, e o trabalho mesmo, como a condição da permanência da propriedade deles. Eles comportam-se como proprietários em relação às condições naturais do trabalho; mas essas condições ainda têm de ser postas efetiva e continuamente pelo trabalho pessoal como condições e elementos objetivos da personalidade do indivíduo, de seu trabalho pessoal. Por outro lado, a direção dessa pequena comunidade bélica avança por sobre essas restrições etc. (Roma, Grécia, judeus etc.) "Quando os augúrios", diz Niebuhr, "asseguraram a Numa a aprovação divina de sua escolha, a primeira preocupação do rei piedoso não foi o culto no templo, mas os seres humanos. Numa repartiu as terras que Rômulo houvera ganho na guerra e o legado para ocupação: ele instituiu o culto de *Terminus*. Todos os antigos legisladores, e antes de todos Moisés, basearam o sucesso de seus mandamentos de virtude, retidão e bons costumes na propriedade da terra, ou ao menos na posse da terra hereditariamente assegurada para o maior número possível dos cidadãos" (*História Romana,* Vol. I, p. 245, 2ª edição). O indivíduo é *placed in such conditions of gaining his life as to make not the acquiring of wealth his object, but self-sustainance, its own reproduction as a member of the community; the reproduction of himself as proprietor of the parcel of ground and, in that quality, as a member of the commune.** A permanência da *commune* é a reprodução de todos os seus *members* como *self-sustaining peasants*, cujo tempo excedente pertence precisamente à *commune*, do trabalho na guerra etc. A propriedade do próprio trabalho é mediada pela propriedade da condição do trabalho – pela propriedade da jeira de terra, por sua vez

* "O indivíduo encontra-se em condições tais para ganhar sua vida de maneira a não tomar por seu objetivo a aquisição de riqueza, mas sim a autossubsistência, a reprodução de sua própria vida como um membro da comunidade; a reprodução dele mesmo como proprietário da parcela de terra e, desse modo, como um membro da comuna." (N.T.)

garantida pela existência da comuna e esta novamente pelo trabalho excedente na forma de serviço militar etc. dos membros da comuna. Não é pela cooperação no trabalho *wealth producing* que o membro da comuna se reproduz, mas pela cooperação no trabalho para os interesses comunitários (imaginários ou efetivos) de conservação externa e interna da coligação. A propriedade é *quiritorium**, romana, o proprietário fundiário privado é como tal apenas como romano, mas como romano é proprietário fundiário privado.

Uma [outra] forma da propriedade dos indivíduos que trabalham, *selfsustaining members of the community*, em relação às condições naturais de seu trabalho, é a propriedade *germânica*. Como tal, aqui o membro da comuna não é, como na forma especificamente oriental, nem compossuidor da propriedade comunitária (onde a propriedade existe *apenas* como propriedade comunal, o indivíduo-membro é como tal apenas *possuidor* de uma parte particular, herdada ou não, uma vez que cada fração da propriedade não pertence a nenhum membro por si, mas lhe pertence como membro imediato da comuna, portanto como membro diretamente em unidade com a comuna, indistinto dela. Esse indivíduo**, portanto, é apenas *possuidor*. Existe apenas propriedade *comunitária* e apenas *posse privada*. O modo desta posse, com relação à propriedade comunitária, pode achar-se em termos históricos, locais etc. inteira e diversamente modificado, conforme o trabalho se exerça ele mesmo pelo possuidor privado de maneira isolada ou esteja determi-

---

* Título de propriedade dos cidadãos romanos, propriedade quiritária. (N.T.)

** No manuscrito: "essa unidade" (nota da edição alemã).

nado novamente pela comuna ou pela unidade que paira acima das comunas particulares); nem é, como na forma romana, grega (em suma, na forma clássica antiga) – aqui o solo está ocupado pela comuna, é solo romano; uma parte resta à comuna como tal, distinta dos membros da comuna, *ager publicus* em suas diversas formas; a outra é repartida, e cada parcela do solo é romana por ser a propriedade privada, o domínio de um romano, a porção que lhe pertence no local de trabalho; mas ele também é romano apenas na medida em que possui esse direito soberano a uma parte da terra romana. [[Na Antiguidade*, ofício urbano e comércio pouco considerados, atividade agrária, porém, altamente considerada; na Idade Média, o julgamento oposto.]] [[O direito à *utilização* da terra da comuna por *posse* cabia originalmente aos patrícios; que então dotaram seus clientes; a *transferência de propriedade* do *ager publicus* coube exclusivamente aos plebeus; todas as consignações em favor dos plebeus e indenização por uma porção da terra da comuna. *Propriedade propriamente dita da terra*, excluída a região em torno dos muros da cidade, inicialmente apenas nas mãos dos plebeus (comunas camponesas mais tarde incluídas).]] [[Essência fundamental da plebe romana como um conjunto de camponeses, tal como está designado em sua propriedade quiritária. Os antigos consideravam a atividade agrícola, de maneira unânime, o *afazer propriamente dito* do homem livre, a escola do soldado. Nela

* [[Na Antiguidade... e seus vassalos formando um clã.]] As observações a seguir (entre colchetes duplos) são extraídas por Marx da edição alemã da *História Romana*, de Niebuhr, vol. I, p. 418, 436, 614, 615, 317-9, 326, 328-31, 333, 335 (nota da edição alemã). A argumentação é retomada na sequência desses apontamentos. (N.T.)

se conserva a antiga cepa da nação; esta se modifica nas cidades, onde se estabelecem negociantes estrangeiros e aqueles que exercem ofícios, tal como os compatriotas que se dirigem para onde o ganho os atrai. Por toda parte onde há escravidão, quem é libertado busca seu sustento em tais afazeres, com os quais com frequência acumula riquezas: na Antiguidade, esses ofícios estavam na maioria das vezes nas mãos dos libertos, e por isso não [eram] condizentes com os cidadãos: daí a opinião de que a concessão de plenos direitos de cidadania aos artesãos seria questionável (entre os antigos gregos, em regra, eram excluídos). Οδδενὶ ἐξῆν Ρωμαίων οὔτε κάπηλον οὔτε χειροτέχνην βίον ἔχειν.* Os antigos não tinham noção de uma autêntica corporação de ofícios, tal como na história medieval das cidades; e mesmo aí, como as corporações triunfaram perante as linhagens, o espírito guerreiro feneceu e por fim apagou-se completamente; assim também a reputação externa e a liberdade da cidade.]] [[As tribos dos antigos Estados estavam fundadas de uma dupla maneira, segundo *linhagens* ou segundo *localidades*. As *tribos por linhagens* precedem no tempo as tribos por localidades, e foram suplantadas por estas quase em toda parte. Sua forma mais explícita, mais rigorosa, é a organização em castas, em que uma está separada da outra, sem direito a aliança exogâmica, inteiramente distintas segundo a dignidade; cada qual com uma profissão exclusiva, inalterável. As *tribos por localidades* correspondiam originalmente a uma repartição do território em distritos e aldeias; de maneira que, na época em que essa repartição foi instituída, na

* "A nenhum romano era permitido viver do comércio ou da manufatura". (N.T.)

Ática sob Clístenes, quem estava sediado em uma aldeia foi inscrito como seu *demotes** na *phyle*** da região a que essa aldeia pertencia. Segundo a regra, agora, seus descendentes permaneciam, a despeito de seu local de residência, na mesma *phyle* e no mesmo *demos*; com o que essa repartição assumiu também a aparência de algo genealógico. Essas *linhagens* romanas não [eram] consanguíneas; Cícero acrescenta aos nomes comunitários a nota – "de ascendência dos livres". Mais tarde cessaram as *sacra**** comunitárias dos gentios romanos (já na época de Cícero). A herança dos indivíduos da linhagem, que morressem sem parentes nem testamento, era conservada por mais tempo. Na época mais remota, obrigação dos gentios de ajudar os carentes de auxílio, dentre os seus, a suportar ônus inusitados. (Entre os alemães, inicialmente por toda parte, por mais tempo dentre os ditmarsos.) As agremiações de *gentes*.**** Uma ordenação mais geral que as linhagens não existia no mundo antigo. Entre os gaélicos, os nobres Campbell e seus vassalos formando um clã.]] Uma vez que o patrício representa no mais alto grau a comunidade, é o *possessor****** do *ager publicus* e dele se utiliza por seus clientes etc. (também apropria-se pouco a pouco do *ager publicus*). A comuna germânica não se concentra na cidade; a cidade como centro da vida rural, tanto domicílio dos trabalhadores do campo quanto centro do comando bélico – mera concentração

---

* Membro de uma circunscrição territorial ou distrito (*demos*). (N.T.)

** Tribo. (N.T.)

*** Cerimônias religiosas, sacrifícios. (N.T.)

****Grupos consanguíneos que formavam a unidade social elementar. (N.T.)

***** Possuidor; aquele que detém a posse etc. (N.T.)

pela qual agora a comuna possui como tal uma existência exterior, distinta da existência do indivíduo. A história clássica antiga é a história da cidade, mas de cidades fundadas na propriedade fundiária e na agricultura; a história asiática é uma espécie de unidade indiferenciada de cidade e campo; (aqui se trata de considerar as grandes cidades propriamente ditas meros principados, superfutação (*Superfötation*) além da estrutura propriamente econômica); a Idade Média (época germânica) parte do campo como sede da História, cujo desenvolvimento progressivo se passa, então, na oposição entre cidade e campo; a [história] moderna é [a história da] urbanização do campo, não [da] ruralização da cidade, como entre os antigos.

Com* a reunião na cidade, a comuna possui como tal uma existência econômica; a mera *existência* da cidade como tal é diversa da mera pluralidade de casas independentes. O todo aqui não é constituído por suas partes. É uma espécie de organismo autônomo. Entre os germanos, onde os chefes de famílias individuais se fixam nas florestas, separados por longas distâncias, a comuna, já *externamente* considerada, só existe pela reunião eventual de seus membros, embora sua unidade – *sendo em si* – esteja posta em ascendência, língua, passado e história em comum etc. Assim a *comuna* aparece como *reunião*, não *união*, aparece como unificação, cujos sujeitos autônomos configuram os proprietários do campo, não como unidade. Portanto, a comuna não existe *in fact* como *Estado*, *entidade estatal*, como entre os antigos,

---

* O próximo caderno, que tem início aqui, é intitulado: *Caderno V. (O Capítulo do Capital. Continuação).* Na página de rosto aparece: Caderno V. Janeiro de 1858. Londres. (Iniciado em 22 de janeiro.) (nota da edição alemã).

porque não existe como *cidade*. Para que a comuna adquira existência efetiva, os proprietários rurais livres têm de manter [uma] *congregação*, ao passo que a comuna *existe* em Roma, por exemplo, além dessas congregações, na existência da *própria cidade* e dos funcionários que lhe são prepostos etc. É verdade que mesmo entre os germanos ocorre o *ager publicus*, a terra da comuna ou terra do povo, distinta da propriedade do indivíduo. Ele é o solo da caça, da pastagem, da extração de madeira etc., a parte da terra que não pode ser repartida, se deve servir como meio de produção nessa forma determinada. Contudo esse *ager publicus* não aparece, tal como, por exemplo, entre os romanos, como a existência econômica particular do Estado ao lado dos proprietários privados, de tal maneira que estes são proprietários *privados* como tais e propriamente na medida em que foram *excluídos*, foram privados, como os plebeus, da utilização do *ager publicus*. Entre os germanos, o *ager publicus* antes aparece apenas como complemento da propriedade individual e só figura como propriedade na medida em que é defendido como posse comum de uma tribo contra tribos inimigas. A propriedade do indivíduo não aparece mediada pela comuna, mas sim a existência da comuna e da propriedade comunal aparecem mediadas, *i. e.*, como inter-relacionamento dos sujeitos autônomos. O todo econômico está contido *au fond* em cada casa individual, que configura por si um centro autônomo da produção (manufatura puramente como trabalho doméstico paralelo das mulheres etc.). No mundo antigo, a cidade com sua fronteira de terras é o todo econômico; no mundo germânico, o domicílio individual, que aparece ele mesmo apenas como um ponto na terra que lhe pertence, não é uma concentração de vários proprietários, mas [uma] família como unidade autônoma. Na forma asiática (ao menos a predominante), [não ocorre] nenhuma propriedade, mas apenas posse do indivíduo; a comuna [é] o proprietário efetivo propriamente dito – assim, propriedade apenas como *propriedade comunitária* do solo. Entre os antigos (romanos como o exemplo clássico, a coisa na forma mais pura, mais expressa), forma oposta de propriedade fundiária estatal e propriedade fundiária privada, de tal maneira que a última existe mediada pela primeira ou a primeira existe ela mesma nessa dupla forma. Assim o proprietário fundiário privado [é] ao mesmo tempo cidadão urbano (*städtischer Bürger*). A cidadania estatal resolve-se economicamente na forma simples, de tal maneira que o homem do campo [é] habitante de uma cidade. Na forma germânica, o homem do campo não [é] cidadão do Estado, *i. e.*, não [é] habitante de cidades, mas o fundamento [é] a habitação familiar isolada, autônoma, garantida pela coligação com outras habitações familiares tais de mesma tribo e por sua convergência ocasional para guerra, religião, conciliação de direitos etc., para tal civilidade mútua. Aqui a propriedade fundiária individual não aparece como forma oposta da propriedade fundiária da comuna nem aparece mediada por esta, mas o inverso. A comuna existe apenas no inter-relacionamento desses proprietários fundiários individuais como tais. A propriedade comunal aparece como tal apenas como anexo comunitário dos assentamentos individuais da tribo e [das] apropriações individuais do solo. A comuna nem é a substância, em que o indivíduo aparece apenas como acidente; nem o universal, que é como tal uma *unidade que é* tanto em sua representação quanto na existência da cidade e de suas carências urbanas, distintas das carências do indivíduo, ou [ainda, que é] no solo urbano como existência particular da cidade, distinta da existência econômica particular do membro da comuna; porém a comuna em si, por um lado, está pressuposta como a comunhão em língua, sangue etc. em relação ao proprietário individual; por outro lado, como existência, ela só existe em sua *congregação efetiva* para fins comunitários, e na medida em que tem existência econômica particular, no solo da caça, da pastagem etc., utilizado em comum, a comuna é assim utilizada por *cada* proprietário *individual* como tal, não como representante do Estado (tal como em Roma); propriedade em comum, efetivamente, dos proprietários individuais, não da união desses proprietários, como união possuindo já de si, na cidade ela mesma, uma existência separada como [proprietário] individual.

O que importa aqui é propriamente o seguinte: em todas essas formas em que propriedade fundiária e agricultura configuram a base da ordem econômica, e portanto o fim econômico é a produção de valores de uso, [é] a *reprodução do indivíduo* nas relações determinadas com sua comuna, nas quais ele configura a base desta – [em todas essas formas] está presente: 1) apropriação da condição natural do trabalho, da *terra* como o instrumento original de trabalho, local de trabalho bem como depositário das matérias-primas, não pelo trabalho, mas como pressuposto deste. O indivíduo comporta-se em relação às condições objetivas do trabalho simplesmente como suas; comporta-se em relação a elas como a natureza inorgânica de sua subjetividade, na qual esta realiza a si mesma; a principal condição objetiva do trabalho não aparece ela mesma como *produto* do trabalho, mas encontra-se disponível como *natureza*; de um lado, o indivíduo vivo, de outro, a terra como a condição objetiva de sua reprodução; 2) mas esse *comportamento* em relação ao solo, à terra como a propriedade do indivíduo que trabalha – que desde o início não aparece, portanto, como indivíduo que meramente trabalha, nessa abstração, mas que tem na propriedade da terra um *modo objetivo de existência* que é *pressuposto* de sua atividade e não aparece como mero resultado dela, e é uma pressuposição de sua atividade assim como sua pele, seus órgãos sensoriais, que ele também reproduz e desenvolve etc. no processo vital, é verdade, mas são pressupostos, por sua vez, desse processo de reprodução – [esse *comportamento* em relação ao solo] está prontamente mediado pela existência natural, mais ou menos desenvolvida historicamente e modificada, do indivíduo como *membro de uma comuna* – sua existência natural como membro de uma tribo etc. Isolado, um indivíduo poderia ter propriedade do solo tanto quanto poderia falar. Mas no máximo poderia nutrir-se do solo como a substância, tal como fazem os animais. O comportamento em relação à terra como propriedade está sempre mediado pela ocupação, pacífica ou violenta, do solo pela tribo, a comuna em alguma forma mais ou menos natural, ou já desenvolvida historicamente. Aqui o indivíduo jamais pode manifestar-se na pontualidade em que aparece como mero trabalhador livre. Se as condições objetivas de seu trabalho estão pressupostas como pertencentes a ele, então ele mesmo está subjetivamente pressuposto como membro de uma comuna, pela* qual sua relação com o solo está mediada. Seu relacionamento com as condições objetivas do trabalho está mediado por sua existência

* No manuscrito: "como", "na qualidade de" (*als*) (nota da edição alemã).

como membro da comuna; por outro lado, a existência efetiva da comuna está determinada pela forma determinada de propriedade das condições objetivas do trabalho por parte do indivíduo. Se essa propriedade mediada pela existência na comuna aparece como *propriedade comunitária*, em que o indivíduo é apenas possuidor e não há propriedade privada do solo – ou se a propriedade aparece na dupla forma de propriedade estatal e privada uma ao lado da outra, mas de maneira que a última aparece posta pela primeira, de onde apenas o cidadão do Estado é e tem de ser proprietário privado, mas por outro lado sua propriedade como cidadão do Estado tem ao mesmo tempo uma existência particular – ou se, finalmente, a propriedade comunal [aparece] apenas como complemento da propriedade individual, esta no entanto [aparece] como a base, e a comuna em geral não tem existência por si além da *congregação* de seus membros e da reunião deles para fins em comum – essas diversas formas do comportamento dos membros da comuna ou tribo em relação ao solo da tribo – à terra em que esta se estabeleceu – dependem em parte das disposições naturais da tribo, em parte das condições econômicas sob as quais ela se comporta efetivamente como proprietária do solo, *i. e.*, apropria-se de seus frutos por trabalho, e isso mesmo dependerá de clima, constituição física do solo, do modo fisicamente condicionado de sua exploração, do comportamento em relação a tribos inimigas ou vizinhas, e das alterações que as migrações, experiências históricas etc. introduzem. Para que a comuna continue a existir no modo antigo, como tal, é necessária a reprodução de seus membros sob as condições objetivas pressupostas. A própria produção, crescimento da população (também este diz respeito à produção), suprime pouco a pouco e necessariamente essas condições; ela as destrói em vez de reproduzi-las etc., e com isso a comunidade entra em decadência juntamente com as relações de propriedade nas quais estava fundada. Com maior tenacidade e duração mantém-se necessariamente a forma asiática. Em sua pressuposição reside o seguinte: que o indivíduo não vem a ser autônomo perante a comuna; que [ocorre um] círculo *self-sustaining* da produção, unidade de agricultura e manufatura etc. Se o indivíduo altera sua relação com a comuna, com isso ele se altera, então, e age destrutivamente sobre a comuna; assim como sobre sua pressuposição econômica; por outro lado, a alteração dessa pressuposição econômica [é] engendrada por sua própria dialética, empobrecimento etc. A influência do exército e da conquista, notadamente, que em Roma, por exemplo, diz respeito essencialmente às condições econômicas da própria comuna, suprime o laço real em que se baseia a comuna. Em todas essas formas, a *reprodução* das relações *pressupostas* do indivíduo com sua comuna – relações que surgiram mais ou menos de maneira natural ou mesmo que vieram a ser historicamente, mas se tornaram tradicionais – e uma existência *determinada*, uma existência *objetiva* que lhe é *predeterminada* no comportamento em relação às condições do trabalho bem como aos seus companheiros de trabalho, parceiros de tribo etc. é o fundamento do desenvolvimento, que desde o início é pois um [desenvolvimento] *restrito*, mas apresenta decadência e colapso com a supressão das restrições. O desenvolvimento da escravidão, a concentração da posse fundiária, troca, finança, conquista etc. assim [agiram] entre os romanos, embora todos esses elementos parecessem até certo ponto compatíveis com o fundamento e parecessem em parte ampliá-lo apenas inofensivamente, em parte [aparecessem] como meros abusos gerados a partir dele. Aqui, grandes desenvolvimentos podem ter lugar no interior de um círculo determinado. Os indivíduos podem aparecer [como se fossem] grandes. Mas não se trata aqui de pensar em [um] desenvolvimento livre e pleno nem do indivíduo nem da sociedade, uma vez que tal desenvolvimento está em contradição com a relação primitiva.

Será que jamais encontramos entre os antigos uma investigação sobre qual forma da propriedade fundiária etc. é a mais produtiva, qual gera a maior riqueza? A riqueza não aparece como fim da produção, embora Catão possa muito bem investigar qual cultivo do terreno [é] o mais rentável ou Brutus emprestar seu dinheiro pelos melhores juros. A investigação versa sempre sobre qual modo da propriedade gera os melhores cidadãos. Como fim em si mesmo, a riqueza só aparece entre os poucos povos comerciantes – monopolistas do *carrying trade* –, que vivem nos poros do mundo antigo, tal como os judeus na sociedade medieval. Ora, a riqueza é, de um lado, coisa, efetivada em coisas, produtos materiais que se defrontam ao ser humano como sujeito; de outro, como valor, é mero controle sobre trabalho alheio, não para o fim da dominação, mas do desfrute privado etc. Em todas as formas, a riqueza aparece em [uma] figura reificada, seja [como] coisa, seja [como] relação por intermédio das coisas, [figura reificada] que reside fora e casualmente ao lado do indivíduo. Assim, a visão antiga, em que o ser humano aparece desde sempre como fim da produção, em qualquer determinação limitada – nacional, religiosa, política –, parece ser muito sublime em face do mundo moderno, em que a produção aparece como fim do ser humano e a riqueza como fim da produção. Mas *in fact*, se a forma burguesa limitada for escandida, o que é a riqueza senão a universalidade das carências, capacidades, desfrutes, forças produtivas etc. dos indivíduos, engendrada na troca universal? [O que é a riqueza senão] o pleno desenvolvimento da dominação humana sobre as forças da natureza, da assim chamada natureza bem como de sua própria natureza? [O que é a riqueza senão] a absoluta elaboração exterior de suas disposições criadoras, sem outra pressuposição além do desenvolvimento histórico precedente, que torna um fim em si mesmo essa totalidade do desenvolvimento, *i. e.*, do desenvolvimento de todas as forças humanas como tais, não mensuradas por um padrão de medida *previamente dado*? [O que é a riqueza senão essa absoluta elaboração externa,] em que ele* não se reproduz em uma determinidade, mas produz sua totalidade? [Em que ele é] algo qualquer, não que veio a ser [e] busca permanecer, mas é no movimento absoluto do vir-a-ser? Na economia burguesa – e na época da produção a que ela corresponde –, essa plena elaboração exterior do íntimo humano aparece como pleno esvaziamento, essa objetificação universal aparece como alienação total e a eliminação de todos os fins unilaterais determinados aparece como sacrifício do fim em si mesmo a um fim inteiramente externo. Portanto, o infante mundo antigo aparece, de um lado, como o mais elevado. De outro, tal é em tudo aquilo em que se busca figura acabada, forma e delimitação dada. Ele é satisfação de um ponto de vista limitado; ao passo que a modernidade resta insatisfeita ou é *vulgar* onde em si aparece satisfeita.

O que o sr. Proudhon denomina o surgimento *extraeconômico* da propriedade, pela qual entende precisa-

* Subentende-se: o ser humano. (N.T.)

mente a propriedade fundiária, é a relação *pré-burguesa* do indivíduo com as condições objetivas do trabalho, e desde logo com as condições *naturais* – objetivas do trabalho –, pois tal como o sujeito que trabalha aparece como indivíduo natural, existência natural – a primeira condição objetiva de seu trabalho aparece como natureza, terra, como seu corpo inorgânico*; ele mesmo é não só o corpo orgânico, mas, como sujeito, essa natureza inorgânica. Essa condição não é produto seu, mas é encontrada disponível como existência natural fora dele [e] que lhe é pressuposta. Antes de ampliarmos essa análise, [note-se] ainda: o bravo Proudhon não só *podia*, mas *tinha de* imputar ao *capital* assim como ao *trabalho assalariado* – como formas de propriedade –, [um] surgimento *extraeconômico*. Pois a disponibilidade das condições objetivas do trabalho como [condições] separadas do indivíduo, como *capital*, do lado do trabalhador, e a disponibilidade do *trabalhador* como sem-propriedade, como trabalhador abstrato, do lado do capitalista – a troca, tal como ocorre entre valor e trabalho vivo, supõe um *processo histórico* –, por mais que capital e trabalho assalariado reproduzam eles mesmos essa relação e a elaborem tanto em sua extensão objetiva quanto em profundidade – [supõe] um processo histórico, como vimos, que configura a história do surgimento do capital e do trabalho assalariado. Em outras palavras: o *surgimento*

* O período – "pois, tal como o sujeito... seu corpo inorgânico" – aparecia de início assim: "pois, tal como o indivíduo que trabalha era indivíduo natural, existência natural, a primeira condição objetiva de seu trabalho aparecem (*sic*) então como a [condição pertencente] à natureza, à terra, seu corpo inorgânico". Marx, na ocasião, modificou algumas palavras sem corrigir as demais (nota da edição alemã).

extraeconômico da propriedade nada mais significa que o *surgimento histórico* da economia burguesa, das formas de produção que são expressas teórica ou idealmente pelas categorias da Economia Política. Que a História pré-burguesa, e cada fase sua, tenha sua *economia*, mas também um *fundamento econômico* da mudança, é *au fond* a mera tautologia de que a vida dos seres humanos desde sempre se baseou na produção, *d'une manière ou d'une autre*, na produção *social*, cujas relações denominamos precisamente relações econômicas.

As condições originais da produção (ou da reprodução, o que é o mesmo, de um número crescente de seres humanos pelo processo natural de ambos os sexos; pois essa reprodução, se aparece de um lado como apropriar-se dos objetos pelo sujeito, de outro aparece igualmente como enformação, submissão dos objetos a um fim subjetivo; conversão dos objetos em resultados e depositários da atividade subjetiva) *não* podem ser *elas mesmas produzidas* originalmente – não podem ser resultados da produção. Não [é] a *unidade* dos seres humanos vivos e ativos com as condições naturais, inorgânicas de seu metabolismo com a natureza – e portanto de sua apropriação da natureza – [que] carece de explicação ou é resultado de um processo histórico, mas a *separação* entre essas condições inorgânicas da existência humana e essa existência ativa, uma separação tal como está posta completamente, pela primeira vez, na relação entre trabalho assalariado e capital. Na relação escravocrata ou servil essa separação não tem lugar; mas antes uma parte da sociedade é ela mesma tratada pela outra meramente como condição *inorgânica e natural* de sua própria reprodução. O escravo não se encontra em nenhuma relação com as condições objetivas de seu trabalho; mas antes o próprio *trabalho*, tanto na forma do escravo como na do servo, é ele mesmo colocado *como condição inorgânica* da produção na série dos demais seres da natureza, ao lado do gado ou como apêndice da terra. Em outras palavras: as condições originais da produção aparecem como pressuposições da natureza, *condições naturais da existência do produtor*, tal como seu corpo vivo, por mais que o reproduza e desenvolva, não está posto originalmente pelo próprio produtor, [mas] aparece como a *pressuposição* dele mesmo; sua própria existência (corpórea) é uma pressuposição natural que ele não pôs. Essas *condições naturais da existência*, em relação às quais ele se comporta como em relação ao corpo inorgânico pertencente a ele próprio, são duplas: 1) de natureza subjetiva e 2) objetiva. Ele encontra-se de antemão como membro de uma família, cepa, tribo etc. – as quais, então, por mistura e oposição a outras, assumem historicamente [uma] figura diversa; e como [um] tal membro, relaciona-se com uma natureza (aqui, vale dizer, terra, solo) determinada como existência inorgânica dele mesmo, como condição de sua produção e reprodução. Como membro natural da comunidade, ele tem parte na propriedade comunitária e posse de parte particular dela; assim como, na qualidade de cidadão romano nato, tem pretensão ideal (*at least*) ao *ager publicus* e pretensão real a tantas *juggera** de terra etc. Sua *propriedade*, *i. e.*, o relacionamento com as pressuposições naturais de sua produção como pertencentes a ele, como *suas*, está mediada pelo fato de ele mesmo [ser] membro natural de uma comunidade. (A abstração de uma comunidade em

* Unidade de medida agrária utilizada na Roma antiga, equivalente a 0,2 hectare: jeira. (N.T.)

que os membros nada têm em comum senão eventualmente a língua etc. e apenas isso, é francamente o produto de situações históricas muito mais tardias.) Com referência ao indivíduo, é claro, por exemplo, que diante da língua como a *sua própria* língua, ele mesmo só se comporta como membro natural de uma comunidade humana. A língua como o produto de um indivíduo é um absurdo. Mas tanto quanto o é assim a propriedade.

A língua é ela mesma o produto de uma comunidade, assim como [é], de outra ótica, ela mesma a existência da comunidade, e a existência que fala por si mesma (*selbstredende*) dessa mesma comunidade. [[A produção comunitária e a propriedade comum, tal como ocorre no Peru, por exemplo, é manifestamente uma forma *secundária*; introduzida e transmitida por tribos conquistadoras que conheciam por si mesmas a propriedade comum e a produção comunitária na forma antiga mais simples, tal como ocorre na Índia e entre os eslavos. Do mesmo modo, a forma que encontramos entre os celtas, em Gales, por exemplo, parece uma forma que lhes foi transmitida, uma forma *secundária*, introduzida por conquistadores nas tribos inferiorizadas e conquistadas. O acabamento e a sistemática elaboração desses sistemas a partir de um *centro dominante* indica seu surgimento ulterior. Tal como era mais acabado na forma o feudalismo introduzido na Inglaterra do que aquele surgido naturalmente na França.]] [[Entre tribos pastoras nômades – e todos os povos pastores são originalmente nômades –, a terra aparece qual as demais condições da natureza em [uma] ilimitação elementar, por exemplo, nas estepes e no planalto asiáticos. Ela é usada como pastagem etc., consumida pelos rebanhos, [em virtude] dos quais subsistem, por sua vez, os povos de rebanho. Eles comportam-se em relação à terra como sua propriedade, apesar de jamais fixarem essa propriedade. Assim [é] o solo da caça entre as tribos indígenas selvagens na América; a tribo considera uma certa região como seu território de caça e o defende violentamente contra outras tribos, ou procura expulsá-las do território defendido por estas. Entre as tribos pastoras nômades, a comuna está sempre reunida de fato – companhia em viagem, caravana, horda –, e as formas de superordenação e subordinação se desenvolvem a partir das condições desse modo de vida. Aqui é *apropriado* e *reproduzido* efetivamente só o rebanho, não a terra; a qual, porém, é sempre utilizada de maneira temporária e *comunitária* no lugar eventual de paragem.]] A única restrição que a comunidade pode encontrar em seu comportamento em relação às condições naturais de produção – à terra – (se logo saltarmos para os povos sedentários) como *suas* [condições naturais de produção], é uma *outra comunidade* que já as reclame como seu corpo não orgânico. Assim, a *guerra* é um dos trabalhos mais primitivos de cada uma dessas comunidades que surgem de maneira natural, tanto para defesa da propriedade quanto para sua nova aquisição. (De fato, aqui podemos contentarmo-nos em falar sobre a propriedade primitiva do solo, pois entre os povos pastores a propriedade de produtos da terra que são encontrados disponíveis naturalmente – a propriedade das ovelhas, por exemplo – é ao mesmo tempo a propriedade das pastagens que eles percorrem. Em geral, na propriedade do solo está compreendida a propriedade de seus produtos orgânicos.) [[Se o ser humano mesmo é conquistado juntamente com o solo, como seu anexo orgânico, então é conquistado conjuntamente como uma das condições de produção, e então surge a escravidão ou servidão, que logo falseia e modifica as formas originais de todas as comunidades, tornando-se ela mesma a base destas. A estrutura simples, com isso, é determinada negativamente.]]

Portanto, *propriedade* nada mais significa originalmente que o comportamento do ser humano em relação a suas condições naturais de produção como pertencentes a ele, como suas, como *pressupostas* juntamente com sua *própria existência*; comportamento em relação a elas como *pressuposições naturais* dele mesmo, que configuram, por assim dizer, tão-somente seu corpo prolongado. Em rigor, o ser humano não se comporta propriamente em relação a suas condições de produção; mas sim existe duplicado, tanto subjetivamente, como ele mesmo, quanto objetivamente, nessas condições naturais não orgânicas de sua existência. As formas dessas *condições naturais de produção* são duplas: 1) sua existência como membro de uma comunidade; portanto a existência dessa comunidade, que é *entidade tribal* em sua forma primitiva, *entidade tribal* mais ou menos modificada; 2) o comportamento em relação ao *solo* por intermédio da comunidade, como o solo *dessa comunidade*, propriedade comunitária do solo, [mas] ao mesmo tempo *posse individual* para os indivíduos, ou de maneira que apenas os frutos são repartidos; porém o solo mesmo, e a lavoura, permanece em comum. (Entretanto, *domicílios* etc., sendo também os veículos dos citas, aparecem sempre na posse do indivíduo.) Para o indivíduo vivo, uma condição natural de produção é seu nexo com uma *sociedade que surge de maneira natural*, tribo etc. Esta última já é condição, por exemplo, para sua língua etc. Sua própria existência produtiva só [se dá] sob essa condição. Sua existência subjetiva está por ela condicionada como tal, assim como ele está condicionado pelo comportamento em relação à terra como seu local de trabalho. (É verdade que a propriedade é *móbil* originalmente, pois o ser humano se apodera *d'abord* dos frutos prontos da terra, em que se incluem, entre outros, também os animais, e para ele especialmente os domesticáveis. Entretanto, mesmo essa situação – caça, pesca, apascentamento, vida dos frutos das árvores etc. – supõe sempre a apropriação da terra, seja para moradia fixa, seja para *roaming*, seja para pastagem dos animais etc.)

Portanto, a *propriedade* significa *pertencer a uma tribo* (comunidade) (nela ter existência subjetiva-objetiva), e por intermédio do comportamento dessa comunidade em relação ao solo, à terra como seu corpo inorgânico, comportamento do indivíduo em relação ao solo, à condição externa originária da produção – uma vez que a terra é de uma só vez matéria-prima, instrumento, fruto – como pressuposições pertencentes à individualidade dele, modos de existência dessa individualidade. *Reduzimos essa propriedade ao comportamento em relação às condições da produção*. Por que não às condições do consumo, uma vez que o produzir do indivíduo se restringe originalmente ao reproduzir de seu próprio corpo pelo apropriar-se de objetos prontos, preparados pela própria natureza para o consumo? Ora, mesmo quando ainda se trata apenas de *encontrar* e *descobrir*, em breve isso exige esforço, trabalho – tal como na caça, na pesca, no apascentamento – e produção (*i. e.*, desenvolvimento) de certas capacidades do lado do sujeito. Todavia, há [de fato] situações em que o objeto à mão (*das Vorhanden*) pode ser coletado sem quaisquer instrumentos (portanto, mesmo [sem] produtos do trabalho já destinados à produção), sem alteração da forma (que já tem lugar mesmo no apascentamento) etc., [contudo são] situações muito breves e passageiras, e não se trata de considerá-las normais em nenhum lugar; tampouco situações originárias normais. De resto, as condições originais da produção incluem por si mesmas matérias consumíveis diretamente, [*i. e.*] sem trabalho, tais como frutos, animais etc.; portanto, o próprio fundo de consumo aparece como uma parte constitutiva do *fundo original da produção*.

A condição fundamental da propriedade baseada na entidade tribal (na qual se resolve originalmente a comunidade) – ser membro da tribo – torna *sem-propriedade* a tribo estrangeira conquistada, submetida pela tribo, e submete essa mesma tribo conquistada a *condições inorgânicas* de sua reprodução, com o que a comunidade se comporta [em relação] a suas condições. Escravidão e servidão, portanto, são apenas desenvolvimentos posteriores da propriedade baseada na entidade tribal. Elas modificam necessariamente todas as formas da mesma. [Onde] menos podem modificá-la [é] na forma asiática. Na unidade *self-sustaining* de manufatura e agricultura, em que se baseia essa forma, a conquista não [é] condição tão necessária quanto [o é] onde a *propriedade fundiária*, a *agricultura* é exclusivamente predominante. Por outro lado, uma vez que o indivíduo, nessa forma, jamais se torna proprietário, mas apenas possuidor, ele mesmo é *au fond* a propriedade, o escravo desta, [na] qual subsiste a unidade da comuna, e aqui a escravidão nem suprime as condições do trabalho, nem modifica a relação essencial.

Agora está mais claro:

A propriedade, na medida em que é apenas o comportamento consciente – e com referência ao indivíduo, [comportamento] posto pela comunidade, proclamado e garantido como lei – [comportamento do indivíduo] em relação às condições de produção como *suas*, a existência do produtor aparecendo então como uma existência nas condições objetivas *pertencentes a ele* –, [a propriedade] é efetivada primeiramente pela produção ela mesma. A apropriação efetiva se dá primeiramente não no relacionamento imaginário, mas no relacionamento ativo, real com essas condições [objetivas] – o pôr efetivo destas como [pôr] das condições da atividade subjetiva do produtor.

Mas com isso está claro, ao mesmo tempo, que *essas condições se alteram*. Pela [atividade de] caçar das tribos, uma área de terra torna-se primeiramente região de caça; pela atividade agrária, a terra, o solo [é] posto primeiramente como corpo prolongado do indivíduo. Depois que a *cidade de Roma* estava construída, e os campos em volta estavam cultivados por seus cidadãos – as condições da comunidade se tornaram outras que anteriormente. O fim de todas essas comunidades é [a] conservação; *i. e.* [a] *reprodução – como proprietários – dos indivíduos que as constituem, i. e., no mesmo modo objetivo de existência, o qual constitui ao mesmo tempo o comportamento dos membros entre si, e portanto a própria comuna.* Essa *reprodução, porém, é ao mesmo tempo, necessariamente, nova produção e destruição da forma antiga.* Por exemplo, onde cada um dos indivíduos deve possuir tantos acres de terra, o crescimento da população já é um obstáculo no caminho. Se este deve ser desimpedido, então colonização, e esta torna necessária a guerra de conquista. Com isso, escravos etc., também acréscimo, por exemplo, do *ager publicus*, e com isso dos patrícios, que representam a comunidade etc. Assim, a conservação da antiga comunidade inclui a destruição das condições em que ela se baseia, converte-se no contrário. Se devêssemos pensar, por exemplo, que a produtividade no mesmo espaço pudesse aumentar pelo desenvolvimento das forças produtivas etc. (este [é] o mais lento de todos exatamente na antiga atividade agrária tradicional), isso haveria de incluir, então, novos modos [e] combinações do trabalho, grande parte da jornada diária dedicada à agricultura etc., e com isso novamente suprimiria as antigas condições econômicas da comunidade. No ato da própria reprodução não apenas as condições objetivas se alteram, por exemplo, aldeias tornam-se cidades, selvas tornam-se áreas desmatadas etc., mas os produtores se alteram na medida em que extraem de si mesmos novas qualidades, desenvolvem-se eles mesmos pela produção, modificam seus perfis, constroem novas forças e novas representações, novos modos de intercâmbio, novas carências e nova linguagem. Quanto mais antigo e tradicional o próprio modo de produção – e este permanece muito tempo na agricultura; mais ainda no complemento oriental de agricultura e manufatura –, *i. e.*, quanto mais se estabilizando o *processo efetivo* da apropriação, tanto mais constantes as antigas formas de propriedade e com isso a comunidade em geral. Onde já intervém a separação dos membros da comuna, como proprietários privados, em relação a si mesmos como comuna urbana e apropriadores do território da cidade, aí também já intervêm as condições sob as quais o indivíduo pode *perder* sua propriedade, *i. e.*, a dupla relação que o torna cidadão de [uma] mesma naturalidade, membro da comunidade, e que o torna *proprietário*. Na forma oriental, essa *perda* nem sequer é possível, exceto por influências totalmente exteriores, uma vez que o indivíduo, membro da comuna, jamais entra em [um] relacionamento livre com a comuna, pelo qual poderia perder seu laço (objetivo, econômico, com ela). Ele está firmemente arraigado. Essa [possibilidade de perda da propriedade] também reside na reunião de manufatura e agricultura, de cidade (da aldeia) e campo. Entre os antigos, a manufatura já aparece como degenerescência (afazer dos *libertini**, clientes, estrangeiros) etc. Esse desenvolvimento do trabalho produtivo (dissociado da pura subordinação à agricultura, [agora] como trabalho de [indivíduos] livres, [trabalho] caseiro, a manufatura [era] dedicada apenas à agricultura e à guerra, ou voltada ao culto religioso e à comunidade – tal como construção de casas, ruas, templos), [trabalho produtivo] que se desenvolve necessariamente por intercâmbio com estrangeiros, escravos, pelo prazer em trocar o produto excedente etc., dissolve o modo de produção em que se baseia a comunidade e com isso o *indivíduo objetivamente*, *i. e.*, o indivíduo determinado como romano, grego etc. A troca age precisamente assim; o endividamento etc.

A unidade original entre uma forma particular da comunidade (entidade tribal) e a propriedade da natureza em conexão com ela, ou [o] comportamento em relação às condições objetivas da produção como existência da natureza, como a existência objetiva do indivíduo mediada pela comuna – essa unidade, que de um lado aparece como a forma particular de propriedade – tem sua efetividade viva em um determinado *modo da produção* ele mesmo, um modo que aparece como comportamento dos indivíduos entre si, bem como seu determinado comportamento ativo em relação à natureza inorgânica, determinado modo de trabalho (que é sempre trabalho familiar, com frequência trabalho comunal). A própria

* Libertos. (N.T.)

comunidade aparece como a primeira grande força produtiva; diante da espécie particular das condições de produção (por exemplo, criação de gado, atividade agrícola), desenvolvem-se modos de produção e forças produtivas particulares, tanto subjetivos, aparecendo como qualidades próprias dos indivíduos, quanto objetivos.

Um determinado estágio do desenvolvimento das forças produtivas dos sujeitos que trabalham – ao qual correspondem determinadas relações desses sujeitos entre si e com a natureza –, nisso se resolve em última instância sua comunidade bem como a propriedade nela fundada. Até certo ponto, reprodução. [Esta] converte-se, então, em dissolução.

Portanto, *propriedade* significa originalmente – e assim em sua forma asiática, eslava, antiga, germânica – comportamento do sujeito que trabalha (que produz) (ou se reproduz) em relação às condições de sua produção ou reprodução como suas. A partir daí, haverá diversas formas segundo as condições dessa produção. A produção ela mesma tem por fim a reprodução do produtor nessas e com essas suas condições objetivas de existência. Esse comportamento como proprietário – não como resultado, mas pressuposição do trabalho, *i. e.*, da produção – pressupõe uma existência determinada do indivíduo como membro de uma entidade tribal ou comunidade (da qual ele mesmo, até certo ponto, é propriedade). Escravidão, servidão etc., nas quais o próprio trabalhador aparece, para um terceiro indivíduo ou [para a] comunidade, entre as condições naturais da produção (esse *não é o caso* da escravidão geral no Oriente, por exemplo, *apenas* do *point of view* europeu) – a propriedade, assim, não é mais o comportamento do indivíduo que trabalha por si mesmo em relação às condições objetivas do trabalho –

[a escravidão etc.] existe sempre de maneira secundária, jamais originalmente, embora resultado necessário e consequente da propriedade fundada na comunidade e [no] trabalho na comunidade. É muito simples imaginar, é verdade, que um [indivíduo] violento, que se sobreponha fisicamente, após [ter] primeiramente capturado o animal, capture então [o] ser humano para, por meio dele, poder capturar animais; em uma palavra, ele se serve do ser humano, bem como de qualquer outro ser da natureza, como uma condição natural, encontrada disponível para sua reprodução (com o que seu próprio trabalho se resolve em dominar etc.). Contudo, tal ótica é viciosa – por mais correta que seja do ponto de vista de entidades tribais ou comunidades dadas –, uma vez que parte do desenvolvimento dos seres humanos *individualizados*.* O ser humano só se individualiza pelo processo histórico. Ele aparece originalmente como um *ser genérico* (*Gattungswesen*), *entidade tribal* (*Stammwesen*), *animal de rebanho* – ainda que não apareça de modo nenhum como um ζῶον πολιτικόν** no sentido político. A própria troca é um meio por excelência dessa individualização. Ela torna supérflua a entidade gregária (*Hürdenwesen*) e a dissolve. Tão logo a coisa se desenrole de tal maneira que, como [ser] individualizado, ele se relacione apenas consigo, os meios para pôr-se como individualizado, no entanto, tornaram-se seu fazer-se universal e comum. Nessa comunidade está pressuposta a existência objetiva

* Neste contexto, o adjetivo *vereinzelte* ("individualizado"), assim como o verbo *sich vereinzeln* ("individualizar-se") e o substantivo *Vereinzelung* ("individualização"), que aparecem na sequência, podem ser lidos respectivamente como "isolado", "isolar-se" e "isolamento". (N.T.)

** Animal político, animal social. (N.T.)

do indivíduo como proprietário, vale dizer, proprietário fundiário, por exemplo, e em verdade sob certas condições que o encadeiam à comunidade, ou antes formam um anel na cadeia da comunidade. Na sociedade burguesa, o trabalhador, por exemplo, acha-se aí puramente desobjetivado, subjetivamente; mas a coisa que se *defronta* a ele se tornou por ora a *verdadeira comunidade*, que ele procura engolir e pela qual é engolido.

Todas as formas (surgidas mais ou menos de maneira natural, mas ao mesmo tempo todas elas resultados também do processo histórico) em que a comunidade supõe os sujeitos em determinada unidade objetiva com suas condições de produção, ou uma determinada existência subjetiva supõe a própria comunidade como condições de produção, [todas essas formas] correspondem necessariamente ao desenvolvimento apenas limitado, e por princípio limitado, das forças produtivas. O desenvolvimento das forças produtivas dissolve essas formas, e sua própria dissolução é um desenvolvimento das forças produtivas humanas. Trabalha-se a partir de certo fundamento – surgido primeiro de maneira natural –, então pressuposição histórica. Mas, então, esse próprio fundamento ou pressuposição é suprimido ou posto como uma pressuposição evanescente que se tornou muito estreita para o desdobramento da massa humana em progresso.

Na medida em que a propriedade fundiária antiga reaparece na propriedade de parcelas moderna, pertence ela mesma à Economia Política e voltaremos a ela no parágrafo sobre a propriedade fundiária.

(Retornar a tudo isso de maneira mais profunda e detalhada.)

Na sequência, o que nos ocupa aqui: o comportamento do trabalho em relação ao capital, ou às condições objetivas do trabalho como capital, pressupõe o processo histórico, que dissolve as diversas formas em que o trabalhador é proprietário ou o proprietário trabalha. Antes de tudo, portanto: 1) *dissolução* do comportamento em relação à terra – [ao] solo – como condição natural de produção –, em relação à qual o trabalhador se comporta como [em relação a] sua existência inorgânica própria; ao local de trabalho de suas forças e ao domínio de sua vontade. Todas as formas em que ocorre essa propriedade supõem uma *comunidade* cujos membros, embora possam existir diferenças formais entre eles, são *proprietários* como membros da comunidade. Assim, a forma primitiva dessa propriedade é ela mesma *propriedade imediatamente comum* (*forma oriental*, modificada na propriedade eslava; desenvolvida até o oposto, mas ainda como o fundamento secreto, mesmo que oponente, na propriedade antiga e germânica). 2) *Dissolução das relações* em que o trabalhador aparece como *proprietário do instrumento*. Tal como a forma acima da propriedade fundiária supõe [uma] *comunidade real*, essa propriedade do instrumento por parte do trabalhador supõe uma forma particular do desenvolvimento do trabalho da manufatura como *trabalho artesanal*; a isso vinculam-se as corporações de ofício etc. (A antiga manufatura oriental pode ser considerada sob 1.) Aqui o trabalho ainda [é] ele mesmo metade artístico, metade fim em si mesmo etc. Maestria. O capitalista ainda [é] ele mesmo mestre. Com a habilidade particular no trabalho também [está] assegurada a posse do instrumento etc. etc. Em certa medida hereditariedade, então, do modo de trabalho juntamente com a organização e o instrumento de trabalho. Urbanizações medievais. O trabalho ainda como [algo] seu, próprio; desenvolvimento determinado [e] autossuficiente de capacidades unilaterais etc. 3) Compreendido em ambos [os casos acima] que o trabalhador, antes da produção, tem a posse dos meios de consumo de que necessita para viver como produtor – assim, durante sua produção, *antes* do término dela. Como proprietário fundiário, ele aparece provido diretamente do fundo de consumo de que necessita. Como mestre-artesão, herdou, granjeou, poupou esse fundo, e como jovem artesão é primeiramente *aprendiz*, quando ainda não aparece como trabalhador propriamente dito, autônomo, no entanto compartilha do sustento com o mestre de maneira patriarcal. Como oficial (efetivo) há uma certa comunhão do fundo de consumo que o mestre possui. Se o fundo ainda não é a *propriedade* do oficial, todavia, pelas leis da corporação, sua tradição etc., é ao menos sua composse etc. (Dar continuidade a isso.) 4) *Dissolução*, de outro lado, igualmente das relações em que os *próprios trabalhadores*, as *potências vivas de trabalho* ainda pertencem elas mesmas *imediatamente às condições objetivas da produção*, e como tais são apropriadas – portanto, são escravos ou servos. Para o capital, o trabalhador não é uma condição da produção, mas apenas o trabalho. Se o capital puder deixar que o trabalho seja executado por máquinas ou mesmo pela água, ar, *tant mieux*. E ele não se apropria do trabalhador, mas de seu trabalho – não imediatamente, mas mediado pela troca.

Ora, essas são, por um lado, pressuposições históricas para que o trabalhador seja encontrado como trabalhador livre, potencial desobjetivado, puramente subjetivo de trabalho defronte às condições objetivas da produção como sua *não propriedade*, como *propriedade alheia*, como *valor* que é por si, como capital. Mas, por outro lado, pergunta-se: quais condições são necessárias para que o trabalhador se encontre defronte a um *capital*?

[[Na fórmula do capital, em que o trabalho vivo se comporta como negativo, não propriedade, tanto em relação à matéria-prima quanto ao instrumento e aos meios de subsistência (*Lebensmittel*) exigidos durante o trabalho, está *incluída d'abord* [*a*] *não propriedade fundiária*, ou está negada a situação em que o indivíduo que trabalha se comporta em relação ao solo, à terra, como seu solo próprio, *i. e*. trabalha, produz como proprietário do solo. O indivíduo, no melhor caso, não se comporta apenas como trabalhador em relação ao solo, mas se comporta como proprietário do solo em relação a si mesmo como sujeito que trabalha. A propriedade do solo ou fundiária inclui potencialmente a propriedade da matéria-prima bem como do instrumento originário, a propriedade da terra ela mesma e de seus frutos espontâneos. Posto na forma mais primitiva, [isso] significa comportar-se em relação à terra como apropriador, nela encontrar disponível matéria-prima, instrumento e [o] meio de subsistência criado não pelo trabalho, mas pela própria terra. Uma vez reproduzida essa relação, instrumentos secundários e [os] frutos da terra criados pelo próprio trabalho aparecem incluídos na propriedade fundiária em suas formas primitivas. Essa situação histórica, como o mais pleno comportamento face à propriedade, [está] pois negada *d'abord* na relação do trabalhador com as condições de trabalho como capital. Essa é a situação histórica nº. 1, que está negada nesta [última] relação ou pressuposta como historicamente dissolvida. Em segundo lugar, no entanto, onde a *propriedade do instrumento* ou o comportamento do trabalhador em relação ao instrumento como próprio, onde ele trabalha como proprietário do instrumento (o que pressupõe ao mesmo tempo a subsunção do instrumento a seu trabalho individual, *i. e*., pressupõe

[um] estágio particular, limitado do desenvolvimento da força produtiva do trabalho), onde já está posta como forma autônoma, ao lado e além da *propriedade fundiária*, essa forma do *trabalhador como proprietário* ou do *proprietário que trabalha* – o desenvolvimento artesanal e urbano do trabalho – não como no primeiro caso, como acidente da propriedade fundiária e subsumida a ela – também a matéria-prima e o meio de subsistência, assim, estão *mediados* primeiramente como propriedade do artesão, mediados por seu trabalho manual, por sua propriedade do instrumento –, já está pressuposto um segundo estágio histórico ao lado e além do primeiro, o qual tem de aparecer ele mesmo já significativamente modificado pela *autonomização desse segundo tipo de propriedade* ou de *proprietário que trabalha*. Uma vez que o instrumento mesmo já [é] produto do trabalho, portanto o elemento que constitui a propriedade já está posto pelo trabalho, a comunidade, aqui, não mais pode aparecer na forma natural, como no primeiro caso – a comunidade em que essa espécie da propriedade [está] fundada –, mas antes como comunidade ela mesma já produzida, surgida, secundária, comunidade já produzida pelo próprio trabalhador. É claro que, onde a propriedade do instrumento é o comportamento em relação às condições de produção do trabalho como propriedade, o instrumento aparece no trabalho efetivo *apenas como meio* do trabalho individual; a arte de apropriar-se efetivamente do instrumento, de manejá-lo como meio de trabalho, aparece como uma presteza particular do trabalhador que o põe como proprietário do instrumento. Em suma, o caráter essencial da corporação de ofício, do trabalho artesanal como sujeito daquela [arte de apropriar-se efetivamente do instrumento], como constituinte de

proprietários – deve resolver-se no comportamento em relação ao instrumento de produção – instrumento de trabalho como propriedade – distinto do comportamento em relação à terra, ao solo (à matéria-prima como tal) como solo próprio. Que o comportamento em relação a esse momento singular das condições de produção constitua como proprietário o sujeito que trabalha, que o torne proprietário que trabalha, [ou seja,] essa situação histórica nº. 2, que só pode existir, segundo sua natureza, como oposta à primeira situação modificada ou, se se quiser, ao mesmo tempo como complemento [dela] – [é algo que está] igualmente negado na primeira fórmula do capital. A terceira *forma possível*, [a saber,] comportar-se como proprietário apenas em relação aos meios de subsistência, encontrá-los disponíveis como condição natural do sujeito que trabalha, sem comportar-se em relação ao solo nem ao instrumento, nem tampouco, assim, ao trabalho ele mesmo como [algo] próprio, é *au fond* a fórmula da escravidão e da servidão, que está igualmente negada, está posta como situação dissolvida historicamente na relação do trabalhador com as condições de produção como capital. As formas originárias de propriedade se resolvem necessariamente na relação com os diversos momentos objetivos que condicionam a produção como [momentos] próprios; [e] assim como configuram o fundamento econômico das diversas formas de comunidade, têm como pressuposição, por sua vez, determinadas formas de comunidade. Essas formas [são] essencialmente modificadas pela colocação do próprio trabalho entre as *condições objetivas da produção* (servidão e escravidão), pelo que é perdido e modificado o caráter simplesmente afirmativo de todas as formas de propriedade que se perfilam sob [a situação] nº. 1. Todas elas contêm em si a escravidão como possibilidade, e portanto como supressão delas próprias. No que diz respeito à situação nº. 2, em que a espécie particular do trabalho – a maestria nele e a correspondente propriedade do instrumento de trabalho = propriedade das condições de produção –, é bem verdade que exclui, então, [a] escravidão e [a] servidão; mas pode manter um desenvolvimento negativo análogo na forma da entidade de castas.]] [[A terceira forma [, a forma] da propriedade dos meios de subsistência – se não se resolve em escravidão e servidão – não pode conter [a] relação do indivíduo *que trabalha* com as condições de produção, e portanto de existência; ela só pode ser, assim, a relação do membro das comunidades primitivas fundadas na propriedade fundiária, o qual perdeu sua propriedade fundiária e ainda não progrediu ao tipo de propriedade nº. 2, tal como a plebe romana na época do *panem et circenses.**]] [[A relação do *retainer* com seu senhor de terra, ou a relação da prestação pessoal de serviço, é essencialmente diversa. Pois essa prestação *au fond* configura apenas o modo de existência do proprietário fundiário ele mesmo, que não mais trabalha, mas cuja propriedade inclui o próprio trabalhador, como servo, entre as condições de produção etc. Aqui, *relação de dominação senhorial* como relação essencial da apropriação. Com o animal, solo etc. não pode *au fond* ter lugar uma relação de dominação senhorial pela apropriação, embora o animal esteja a serviço. A apropriação da *vontade* alheia é pressuposição da relação de dominação senhorial. Portanto, é verdade que o sem-vontade, como o animal, por exemplo, pode servir, mas ele não faz do apropriador um *senhor*. Mas até onde

* Pão e circo. (N.T.)

vemos, *relação de dominação senhorial* e *relação de vassalagem* (*Knechtschaft*) dizem aqui respeito igualmente a essa fórmula da apropriação dos instrumentos de produção; e configuram fermento necessário do desenvolvimento e da decadência de todas as relações primitivas de propriedade e produção, assim como expressam também a restrição dessas relações. Em todo caso, são reproduzidas – em forma mediada – no capital, e assim configuram igualmente fermento de sua dissolução e são armas de sua restrição.]]

[["A permissão de vender-se e de vender os seus por necessidade era um penoso direito universal; valia ao norte bem como entre os gregos e na Ásia: quase tão difundida era a permissão de o credor tomar por seu servo (*Knecht*) aquele devedor que faltava com o pagamento, fazendo-o pagar, tanto quanto bastasse, com seu trabalho ou a venda de sua pessoa." (*Niebuhr*, I, p. 600.)]] [[Em uma passagem, *Niebuhr* diz que, para os escritores gregos que escreviam na época de Augusto, a dificuldade e a falsa compreensão da relação entre patrícios e plebeus, e portanto sua confusão dessa relação com aquela entre patrões e clientes, [deve-se ao fato de] que "escreviam em uma época em que *ricos e pobres eram as únicas verdadeiras classes de cidadãos*; em que o carente, por mais nobre que pudesse ser sua origem, carecia de um protetor, e o milionário, mesmo que fosse um liberto, era procurado na qualidade de protetor. A respeito de relações hereditárias de agregação, ainda não conheciam um traço sequer." (I, 620.)]] [["Em ambas as classes" – *metecos e libertos e seus descendentes* – "encontravam-se os artesãos, e o plebeu que abandonava a atividade agrária alcançava o direito de cidadania restrito aos artesãos. Também não se abstinham da honra das *agremiações legais*; e suas corporações eram tão altamente consideradas que se nomeava Numa seu patrono; eram nove: flautistas, ourives, carpinteiros, tintureiros, seleiros, curtumeiros, caldeireiros, ceramistas e a nona corporação, dos demais ofícios em conjunto... Dentre eles, os que eram cidadãos autônomos das cercanias; isopolitas de quem nenhum patrão se encarregava – quando existia um tal direito; e a descendência de dependentes (*Hörigen*) cujo laço se dissolvia pela extinção da linhagem de seus patrões; esses sem dúvida ficavam alheios à disputa dos antigos cidadãos e da comuna, do mesmo modo que as corporações florentinas ficavam alheias à hostilidade das linhagens de guelfos e gibelinos: os dependentes, talvez ainda como um todo, estavam à disposição dos patrícios" (I, 623).]]

Por um lado, são pressupostos processos históricos que colocaram uma massa de indivíduos de uma nação etc. na situação, se não de trabalhadores desde logo efetivamente livres, no entanto de trabalhadores que o são δυνάμει*, cuja única propriedade [é] seu potencial de trabalho e a possibilidade de trocá-lo por valores disponíveis; indivíduos aos quais todas as condições objetivas da produção se defrontam como *propriedade alheia*, como sua *não propriedade*, mas ao mesmo tempo como *valores* trocáveis, portanto apropriáveis em um *certain degree* por trabalho vivo. Tais processos históricos de dissolução são também [processos de] dissolução das relações de dependência, que amarram o trabalhador à terra e ao senhor de terra, mas que pressupõem fatualmente a propriedade

* Potencialmente, virtualmente, em potência etc. Adiante, como sinônimo: "segundo a possibilidade" (*nach der Möglichkeit*). (N.T.)

dos meios de subsistência por parte do trabalhador – em verdade, esse é seu processo de desligamento da terra; [processos de] dissolução das relações de propriedade fundiária que o constituíam como *yeoman*, pequeno proprietário fundiário livre [e] que trabalha ou arrendatário (*colonus*), agricultor livre*; [processos de] dissolução das relações de corporação, que pressupõem a propriedade do instrumento de trabalho por parte do trabalhador e o trabalho ele mesmo como determinada habilidade artesanal, como propriedade (não apenas fonte dela); igualmente [de] dissolução das relações de clientela, nas diversas formas em que *não proprietários* aparecem, no séquito de seus senhores, como consumidores conjuntos do *produce* excedente, e como equivalentes, trajam o *livrée* de seu senhor, participam de seus desafios, prestam serviços pessoais, imaginários ou reais etc. Será mostrado, em um exame mais preciso, que em todos esses processos de dissolução são dissolvidas [as] relações da produção em que predomina: valor de uso, produção para o uso** imediato; o valor de troca, e sua produção, tem como pressuposição o predomínio da outra forma; assim, em todas essas relações ainda predominam proventos naturais e serviços naturais sobre [o] pagamento em dinheiro e [a] prestação em dinheiro. Todavia, isso [é observado] apenas de passagem. Em uma consideração mais detalhada, encontrar-se-á igualmente que todas as relações dissolvidas só foram possíveis com um determinado grau do desenvolvimento das forças produtivas materiais (e, portanto, também das espirituais).

* É óbvia a dissolução das formas ainda mais antigas de propriedade comunitária e de comunidade real. (N.A.)

** No manuscrito: "valor de uso" (nota da edição alemã).

Por outro lado, o que nos importa aqui, desde logo, é que o processo de dissolução que transforma uma massa de indivíduos de uma nação etc. em trabalhadores assalariados δυνφμει livres – indivíduos pressionados ao trabalho e à venda de seu trabalho apenas por sua ausência de propriedade – supõe *não* que as fontes de renda, e em parte as condições de propriedade até então desses indivíduos, *desapareceram*, mas, no reverso, que *apenas* seu aproveitamento se alterou, o modo de sua existência se transformou, como *fundo livre* [que] passou para outras mãos ou mesmo permaneceu, em parte, nas *mesmas*. Mas está bem claro: o mesmo processo que divorciou uma massa de indivíduos de seus relacionamentos até então afirmativos – *d'une manière or d'une autre* – com as *condições objetivas do trabalho*, negou esses relacionamentos e transformou esses indivíduos, com isso, em *trabalhadores livres*, o mesmo processo liberou δυνάμει essas *condições objetivas do trabalho* – solo, matéria-prima, meio de subsistência, instrumentos de trabalho, dinheiro ou tudo isso – de sua *conjunção até então* com os indivíduos, agora dissociados delas. Essas condições ainda estão *à mão*, mas em outra forma; [a saber,] como *fundo livre* em que todas as antigas *relations* políticas etc. [estão] extintas, e que ainda se defrontam àqueles indivíduos dissociados, sem-propriedade, apenas na forma de *valores*, valores que se mantêm em si. O mesmo processo que colocou a massa, como trabalhadores livres, defronte às *condições objetivas do trabalho*, também colocou essas condições, como *capital*, defronte aos trabalhadores livres. O processo histórico foi o divórcio de elementos até então conjugados – seu resultado não é pois que um dos elementos desapareça, mas que cada um deles apareça em [um] relacionamento negativo perante o outro – o trabalhador livre (segundo a possibilidade), de um lado, o capital (segundo a possibilidade), de outro. O divórcio das condições objetivas, do lado das classes que foram transformadas em trabalhadores livres, tem de aparecer no polo oposto igualmente como uma autonomização dessas mesmas condições.

Se a relação de capital e trabalho assalariado não for considerada ela mesma já padronizante e omniabrangente do todo da produção*, mas sim surgida historicamente – *i. e.*, se for considerada a transformação original de dinheiro em capital, o processo de troca entre o capital existente apenas segundo a δυνάμει, de um lado, e os trabalhadores livres existentes apenas segundo a δυνάμει, de outro –, então impõe-se naturalmente a simples observação, da qual os economistas fazem grande caso, de que o lado que se apresenta como capital tem de estar em posse de matérias-primas, instrumentos de trabalho e meios de subsistência para que o trabalhador possa viver durante a produção, antes de ela estar terminada. Além do mais, isso aparece de tal maneira que há de ter precedido uma acumulação do lado do capitalista – uma acumulação prévia ao trabalho e não irrompida a partir dele – que capacite o capitalista a pôr em operação os trabalhadores e a mantê-los ope-

* Pois, nesse caso, pressuposto como condição do trabalho assalariado, o capital é [um] produto próprio do trabalho assalariado, e como condição deste, [é] pressuposto de si mesmo, [*i. e.*] como pressuposição para o trabalho assalariado ele mesmo, [é] criado a partir do próprio trabalho assalariado. (N.A.)

rantes, a mantê-los como potencial vivo de trabalho.*
Esse ato do capital, ato independente do trabalho, não posto por este, é desde então projetado dessa história de seu surgimento para o presente, é transformado em um momento de sua efetividade e de seu ser operante, de sua autoformação. A partir daí, então, é finalmente derivado o direito perpétuo do capital aos frutos do trabalho alheio, ou antes seu modo de aquisição é desenvolvido a partir das leis simples e "justas" da troca de equivalentes.

A riqueza presente na forma de dinheiro só pode converter-se nas condições objetivas do trabalho porque e se estas estão dissociadas do trabalho ele mesmo. Vimos que o dinheiro, em parte, pode ser acumulado na pura via da troca de equivalentes; entretanto, isso configura uma fonte tão insignificante que não é digna de menção histórica – se for pressuposto que o dinheiro [é] ganho

---

* Tão logo estejam postos o capital e o trabalho assalariado como pressuposição própria de ambos, como base pressuposta da produção ela mesma, a coisa aparece desde logo de maneira tal que o capitalista cria, além do fundo de matéria-prima e meios de trabalho de que o trabalhador necessita para reproduzir a si mesmo, os meios de subsistência de que este necessita, *i. e.*, realiza o *trabalho necessário*, possui um fundo de matéria-prima e meios de trabalho no qual o trabalhador efetiva seu trabalho excedente, *i. e.*, o lucro do capitalista. Em uma análise mais avançada, isso se afigura de maneira tal que o trabalhador cria constantemente um duplo fundo para o capitalista, ou cria, na forma do capital, [um duplo fundo] do qual uma parte preenche reiteradamente as condições de sua própria existência, e a outra, as condições da existência do capital. Como vimos, no capital excedente – e capital excedente na relação com sua relação antediluviana com o trabalho – está todo o *capital real*, *atual*, cada elemento seu [existe] de maneira uniforme como *trabalho alheio*, objetificado e apropriado pelo capital, *apropriado* sem troca, sem equivalente suficiente para tanto. (N.A.)

pela troca do próprio trabalho. [Ou então,] é [ganho] antes por usura – também exercida em particular sobre a propriedade fundiária – e por potencial móvel acumulado [em] ganhos comerciais – potencial em dinheiro* que é transformado em capital no sentido próprio, capital industrial. Adiante teremos ocasião de discorrer mais amplamente a respeito de ambas as formas – na medida em que não aparecem elas mesmas como formas do capital, mas como formas mais anteriores de potencial, como pressuposições para o capital.

Como vimos, reside no conceito do capital – em seu surgimento –, que ele parte do *dinheiro* e assim do potencial que existe na forma do dinheiro. Aí reside igualmente que o capital aparece como proveniente da circulação, como *produto* da circulação. A formação do capital não parte, assim, da propriedade fundiária (parte, aqui, no máximo, do *arrendatário*, na medida em que é comerciante com produtos agrícolas); tampouco da corporação (embora [encontre-se] uma possibilidade no último ponto); mas do potencial do negociante e da usura. Contudo, esse potencial só encontra disponíveis as condições para comprar trabalho livre desde que esse trabalho [esteja] dissociado de suas condições objetivas de existência pelo processo histórico. Só então encontra também a possibilidade de comprar essas próprias *condições*. Sob as condições da corporação, por exemplo, o dinheiro tão-somente, que não é ele mesmo

---

* A expressão "potencial em dinheiro" (*Geldvermögen*) pode ser lida no sentido ordinário de "patrimônio", "fortuna", "riqueza", "recurso (ou poder) financeiro" etc. Aparece em contraste ao "potencial de trabalho" (*Arbeitsvermögen*) e diz respeito ao "potencial do negociante" (*Kaufmannsvermögen*), isto é, ao comércio etc. e ao "potencial da usura" (*Wuchervermögen*), juros etc. (N.T.)

corporativo, é do mestre, não pode comprar os teares para que neles se faça trabalhar; [está] prescrito [com] quantos [teares] um [mestre] pode laborar etc. Em suma, o próprio instrumento ainda está tão congeminado com o trabalho vivo mesmo, aparece como seu domínio, que não circula verdadeiramente. O que capacita o potencial em dinheiro a tornar-se capital é a disponibilidade, de um lado, dos trabalhadores livres; em segundo lugar, a disponibilidade dos meios de subsistência e matérias etc. como igualmente *livres* e vendáveis, que antes eram *d'une manière ou d'une autre propriedade* das massas que agora se tornaram desobjetivadas. Mas a outra condição do trabalho – certa presteza na arte, instrumento como meio do trabalho etc. – é *encontrada disponível* pelo capital, nesse período anterior ou nesse seu primeiro período, em parte como resultado da corporação de ofício urbana, em parte da indústria caseira ou ligada como acessório à atividade agrícola. O processo histórico não é o resultado do capital, mas pressuposição para ele. Pelo processo histórico, então, também o capitalista se infiltra como intermediário (historicamente) entre propriedade fundiária, ou entre propriedade em geral, e trabalho. Das cômodas fantasias, segundo as quais o capitalista e o trabalhador travam associação etc., nem a História sabe algo a respeito, nem se encontra algum traço no desenvolvimento do conceito do capital. De modo esporádico, a *manufatura* pode desenvolver-se em termos locais em meio a um quadro ainda pertencente a outro período, tal como, por exemplo, nas cidades italianas, *ao lado* das corporações. Todavia, como forma universalmente dominante de uma época, as condições para o capital têm de estar desenvolvidas não só em termos locais, mas em uma grande escala. (Não é um obstáculo em face disso o fato de alguns mestres de corporação se transformarem em capitalistas industriais com a dissolução das corporações; entretanto, o caso é raro e está conforme à natureza da coisa. No geral, a corporação de ofícios declina, o mestre e o oficial, onde emergem o capitalista e o trabalhador.)

É óbvio – e se mostra de maneira mais precisa e detalhada na época histórica aqui abordada – que *a época da dissolução* dos modos anteriores de produção e modos anteriores do comportamento do trabalhador em relação às condições objetivas do trabalho é *ao mesmo tempo uma época* em que o *potencial em dinheiro*, de um lado, já se desenvolveu até uma certa amplitude, de outro, cresce rapidamente e se estende pelas mesmas circunstâncias que aceleram aquela dissolução. Ele próprio é ao mesmo tempo um dos agentes daquela dissolução, tal como aquela dissolução é a condição de sua transformação em capital. Mas a *mera existência do potencial em dinheiro*, e mesmo a conquista de uma espécie de *supremacy* por parte dele, não basta de maneira nenhuma para que aquela *dissolução* resulte *em capital*. Se não a antiga Roma, Bizâncio etc. teriam terminado sua história com trabalho livre e capital, ou antes iniciado uma nova História. Lá também a dissolução das antigas relações de propriedade estava ligada ao desenvolvimento do potencial em dinheiro – do comércio etc. Mas, em vez da indústria, essa dissolução levou *in fact* ao domínio do campo sobre a cidade. – A *formação originária do capital* não ocorre, como se imagina, de tal maneira que o capital *acumule* meios de subsistência e instrumentos de trabalho e matérias-primas, em suma, as condições *objetivas* do trabalho dissociadas do solo e já amalgamadas elas mesmas com trabalho humano.* Não ocorre de tal maneira que o capital crie as condições objetivas do trabalho. Mas sua *formação originária* resulta simplesmente do fato de o processo histórico de dissolução do antigo modo de produção capacitar o valor existente como *potencial em dinheiro*, de um lado, *a comprar* as condições objetivas do trabalho, de outro, a trocar por dinheiro o próprio trabalho *vivo* dos trabalhadores que se tornaram livres. Todos esses momentos estão presentes; o divórcio desses momentos é ele mesmo um processo histórico, um processo de dissolução, e é *esse* processo que capacita o dinheiro a transformar-se em *capital*. O próprio dinheiro, uma vez coatuante na História, só o é na medida em que interfere ele mesmo nesse processo como um meio de divórcio altamente enérgico, e na medida em que coage para a instauração dos *trabalhadores extorquidos*, desobjetivados, *livres*; não, seguramente, por *criar* para eles as condições objetivas de sua existência; mas ao ajudar a acelerar sua

---

* É claro, já à primeira vista, que existiria um círculo vicioso se, de um lado, os *trabalhadores*, que o capital tem de pôr em operação para pôr-se como capital, tivessem primeiramente de ser *criados*, tivessem de ser convocados à vida pela acumulação *do capital*, de esperar por seu *Faça-se!*, ao passo que o próprio capital, de outro, seria incapaz de *acumular* sem trabalho alheio, no máximo poderia acumular *seu próprio trabalho, i. e.*, poderia existir ele mesmo, portanto, na forma de *não capital* e *não dinheiro*, uma vez que o trabalho, antes da existência do capital, só pode valorizar-se ele mesmo em formas como a do trabalho artesanal, da pequena agricultura etc., em suma, formas tão-somente que *não* podem *acumular*, ou que só o podem escassamente; em formas que só proporcionam um pequeno *produce* excedente e em grande parte o *consomem*. De todo modo, teremos de investigar ainda com mais detalhe essa concepção da *acumulação*. (N.A.)

separação destas [condições] – sua ausência de propriedade. Quando, por exemplo, os grandes proprietários fundiários ingleses dispensaram seus *retainers*, que consumiam juntamente com eles o *produce* excedente do campo; em seguida seus arrendatários expulsaram os pequenos moradores etc., com isso, então, foi lançada primeiramente ao *mercado de trabalho* uma massa de forças vivas de trabalho, uma massa que era livre em duplo sentido, livre das antigas relações de clientela ou dependência e das relações de serviço, e segundo, livre de todos os bens e haveres e de qualquer forma objetiva, real de existência, *livre de toda propriedade*; necessitando da venda de seu potencial de trabalho ou da mendicância, *vagabundage* e furto como as únicas fontes de ganho. É constatado historicamente que eles de início tentaram a última [fonte], contudo, graças à forca, ao pelourinho, ao chicote, foram compelidos dessa via à estreita via do mercado de trabalho – em que os *governos*, por exemplo Henrique VII, VIII etc., aparecem então como condições do processo histórico de dissolução e instauradores das condições para a existência do capital. Por outro lado, os meios de subsistência etc., que antes os proprietários fundiários consumiam juntamente com os *retainers*, agora estavam à disposição do dinheiro, que queria comprá-los para, *through their instrumentality*, comprar trabalho. O dinheiro não havia *criado* nem *acumulado* esses meios de subsistência; eles estavam lá, foram consumidos e reproduzidos antes de terem sido consumidos e reproduzidos pela mediação do dinheiro. O que havia se alterado nada mais era senão o fato de esses meios de subsistência serem lançados agora ao *mercado de troca* – serem separados de sua conexão imediata com as bocas dos *retainers* etc. e transformados de valores de uso em valores de troca, caindo assim no domínio e na soberania do potencial em dinheiro. O mesmo [ocorreu] com os instrumentos de trabalho. O potencial em dinheiro não inventou nem fabricou rocas e teares. Mas antes, dissociados de seus solos, fiandeiros e tecelões, com seus teares e rocas, caíram sob a tutela do potencial em dinheiro etc. *Próprio ao capital nada mais é senão a reunião das massas de mãos e instrumentos, que ele encontra disponíveis. Ele as aglomera sob sua tutela.* Este é seu *acumular efetivo*; o acumular trabalhadores em pontos juntamente com seus instrumentos. Isso será abordado com mais detalhe na assim chamada acumulação do capital. O potencial em dinheiro – como potencial do negociante – havia auxiliado, em todo caso, a acelerar e a dissolver as antigas relações de produção, e tornou possível por exemplo ao proprietário fundiário, como A. Smith já desenvolveu de modo admirável, trocar seus cereais, gado etc. por valores de uso trazidos do estrangeiro, em vez de desperdiçar com seus *retainers* os valores de uso por ele mesmo produzidos e de encontrar sua riqueza em grande parte na massa de seus *retainers*, consumidores conjuntos. Ele havia dado ao proprietário fundiário uma significação mais elevada ao *valor de troca* de seu *revenu*. Isso teve lugar igualmente com relação a seus arrendatários, que já eram meio capitalistas, embora ainda muito debruados. O desenvolvimento do valor de troca – favorecido pelo *dinheiro* existente na forma da ocupação do negociante – dissolve a produção orientada mais para o valor imediato de uso e dissolve as formas de propriedade a ela correspondentes – relações do trabalho com suas condições objetivas – e pressiona, assim, a instauração do *mercado de trabalho* (que se deve distinguir do mercado de escravos). Entretanto, mesmo esse efeito do dinheiro só [é] possível sob a pressuposição do *ofício urbano industrioso*, que se baseia *não* em capital e trabalho assalariado, mas na organização do trabalho em corporações etc. O próprio trabalho urbano havia criado meios de produção para os quais as corporações se tornaram tão *gênant* quanto tornaram-se as antigas relações de propriedade fundiária para uma agricultura melhorada, a qual, por sua vez, [era] em parte consequência da maior vendagem dos produtos agrícolas nas cidades etc. As demais circunstâncias, que no século XVI aumentaram tanto a massa das mercadorias circulantes quanto a do dinheiro, criaram novas carências e então elevaram o valor de troca dos produtos nacionais etc., subiram preços etc., tudo isso incentivou de um lado a dissolução das antigas relações de produção, acelerou a dissociação do trabalhador, ou do não trabalhador, mas capaz de trabalho, das condições objetivas de sua reprodução, e assim fomentou a transformação do dinheiro em capital. Portanto, nada pode ser mais tolo que conceber essa *formação originária* do capital de maneira tal que ele tivesse acumulado e criado as *condições objetivas da produção* – meio de subsistência, matéria-prima, instrumentos – e as oferecido ao trabalhador *destituído* delas. Antes, o potencial em dinheiro auxiliou, em parte, a *destituir* dessas condições as forças de trabalho dos indivíduos capazes de trabalho; em parte, esse processo de divórcio avançou sem o potencial em dinheiro. Quando a formação originária havia atingido uma certa dimensão, o potencial em dinheiro pôde colocar-se como mediador entre as condições objetivas da vida, então liberadas, e as forças vivas de trabalho, liberadas, mas também *sós e soltas*, e com uma pôde comprar a outra. No que diz respeito, todavia, à *formação do próprio potencial em dinheiro* antes de sua transformação em capital, ela pertence, então, à pré-história da economia burguesa. Usura, comércio, urbanizações, e com eles o advento do fisco, desempenham aí [um] papel fundamental. Também o *hoarding* dos arrendatários, lavradores etc.; embora em menor grau. – Mostra-se aqui, ao mesmo tempo, como o desenvolvimento da troca e do valor de troca, que em toda parte está mediado pelo comércio, ou cuja mediação pode ser denominada comércio – assim como o dinheiro adquire existência autônoma na ocupação do negociante, a circulação a adquire no comércio –, leva consigo tanto à dissolução das *relações de propriedade do trabalho em face de suas* condições de existência, de um lado, quanto ao próprio *trabalho perfilado* sob as *condições objetivas da produção*; relações tão-somente que expressam um predomínio do valor de uso e da produção orientada para o uso imediato, bem como uma comunidade real ainda imediatamente presente ela mesma como pressuposição da produção. A produção baseada no valor de troca e a comunidade baseada na troca desses valores de troca – por mais que, como vimos no capítulo anterior a respeito do dinheiro, pareçam pôr a propriedade como decorrência meramente do *trabalho*, pareçam apor como condição a propriedade privada do produto do trabalho próprio – e o trabalho, como condição universal da riqueza, supõe[m] e produz[em] a separação entre o trabalho e suas condições objetivas. Ao ocorrer, essa troca de equivalentes é apenas a camada superficial de uma produção que repousa na apropriação de trabalho alheio *sem troca*, no entanto sob a *aparência da troca*. Esse sistema da troca repousa no *capital* como seu fundamento, e se for considerado separadamente dele, tal como se mostra na superfície, como sistema *autônomo*, então é mera *aparência*, mas uma *aparência necessária*. Portanto, agora não é mais de admirar que o sistema dos valores de troca – troca de equivalentes mensurados por trabalho – oculte ou antes mostre como seu pano de fundo velado a *apropriação de trabalho alheio sem troca*, plena separação entre trabalho e propriedade. O domínio do próprio valor de troca e da produção que produz valores de troca *supõe* o próprio potencial alheio de trabalho como valor de troca – *i. e.*, separação entre o potencial vivo de trabalho e suas condições objetivas; comportamento em relação a estas – ou em relação a sua objetividade própria – como propriedade alheia; comportamento em relação a elas, em uma palavra, como *capital*. Somente nos tempos do declínio do feudalismo, em que ainda há, entretanto, lutas intestinas – como na Inglaterra do século XIV e da primeira metade do XV –, ocorre a idade de ouro para o trabalho que se emancipa. Para que o trabalho se comporte em relação a suas condições objetivas novamente como sua propriedade, um outro sistema tem de entrar no lugar do sistema da troca privada, a qual, como vimos, põe troca de trabalho objetificado por potencial de trabalho, e com isso apropriação do trabalho vivo sem troca. – Com frequência, a maneira como o dinheiro se transforma em capital mostra-se palpável historicamente de maneira bastante simples, tal que, por exemplo, o negociante faz trabalhar para si mais tecelões e fiandeiros, que até então exerciam tecelagem e fiação como ofício camponês paralelo, e para eles torna seu ofício paralelo ganho principal; mas então está mais seguro deles, que são trazidos para sua tutela como trabalhadores assalariados. Desde então, um passo seguinte é removê-los de seus lugares de origem e reuni-los em uma fábrica. Nesse processo simples, é claro que o negociante não aprontou de antemão, para o tecelão e o fiandeiro, nem matéria-prima, nem instrumento, nem meio de subsistência. Tudo o que fez foi restringi-los pouco a pouco a uma espécie de trabalho em que são dependentes da venda, do *comprador*, do *negociante*, e produzem ao final apenas *para* ele e *por* ele. O negociante, originalmente, comprou o trabalho do tecelão e do fiandeiro apenas pela compra de seu produto; tão logo eles estejam restritos à produção desse valor de troca, e tenham pois de produzir imediatamente *valores de troca*, têm de trocar inteiramente seu trabalho por dinheiro para poder continuar a existir, caem [assim] sob a tutela do negociante e por fim até a aparência se esvai, como se *vendessem* produtos para ele. O negociante compra o trabalho do tecelão e do fiandeiro e toma-lhes a propriedade primeiramente do produto, em breve também do instrumento, ou deixa-lhes a propriedade como *aparência de propriedade* para diminuir seus próprios custos de produção. – As formas históricas primitivas, em que o capital aparece primeiro de maneira *local* ou esporádica *ao lado* dos antigos modos de produção, porém implodindo-os pouco a pouco por toda parte, [compreendem] de um lado a *manufatura* propriamente dita (ainda não fabril); ela surge onde se produz em massa para exportação, para o mercado externo – assim, na *base de grande comércio marítimo e terrestre*, em seus empórios, tal como nas cidades italianas, em Constantinopla, nas cidades flamengas, holandesas, em algumas cidades espanholas como Barcelona etc. A manufatura não atinge desde logo o assim chamado *ofício urbano* – mas o *ofício camponês paralelo*, fiação e tecelagem, o trabalho que menos exige habilidade corporativa, formação técnica. Além daqueles grandes empórios, nos quais a manufatura encontra a base de um mercado *externo* – a produção está, então, orientada *naturalmente*, por assim dizer, para o valor de troca – manufaturas que dependem, assim, de maneira direta e recíproca da navegação, da própria construção naval etc. –, [além daqueles grandes empórios,] a manufatura estabelece suas primeiras sedes não nas cidades, mas no campo, em aldeias não corporativas etc. O ofício camponês paralelo contém a ampla base da manufatura, ao passo que o ofício urbano exige alto progresso da produção para poder ser exercido de maneira fabril. O mesmo [ocorre] naqueles ramos da produção, como fábricas de vidro, metalúrgicas, serrarias etc., que exigem desde o início mais concentração de forças de trabalho; valorizam desde o início mais forças da natureza, exigem produção em massa, igualmente concentração dos meios de trabalho etc. O mesmo [com] fábricas de papel etc. De outro lado, advento do arrendatário e conversão da população agrária em livres assalariados diaristas. Apesar dessa subversão impor-se ao campo, em suas últimas consequências e na forma mais pura, [apenas] no final, ela já começa, então, [a impor-se] a ele o mais precocemente. Os antigos, que jamais foram além da arte industriosa urbana propriamente dita, jamais puderam passar daí à grande indústria. A primeira pressuposição [desta] é a inserção do campo, em toda sua amplitude, na produção não de valores de uso, mas de valores de troca. Fábricas de vidro, papel, siderúrgicas etc. não podem ser empreendidas de maneira corporativa. Exigem produção em massa; vendagem em um mercado universal; *potencial em dinheiro* do lado do empresário – não como se este criasse as condições, nem as subjetivas, nem as objetivas; mas essas condições não podem ser combinadas sob as antigas relações de propriedade e produção. – A dissolução das relações de servidão, assim como o advento da manufatura, transforma pouco a pouco, então, todos os ramos de trabalho em ramos empreendidos pelo capital. – Em todo caso, as próprias cidades também contêm, no assalariamento diário não corporativo, nos serventes [de trabalhos] manuais etc., um elemento para a formação do trabalho assalariado propriamente dito.

Assim, se vimos que a transformação do dinheiro em capital pressupõe um processo histórico que separou as condições objetivas do trabalho [e] as tornou autônomas perante o trabalhador – por outro lado, então, isso é o efeito do capital uma vez [já] surgido e de seu processo de submeter a si toda a produção e de desenvolver e implementar por toda parte o divórcio entre trabalho e propriedade, entre o trabalho e as condições objetivas do trabalho. No desenvolvimento seguinte, será mostrado como o capital aniquila o trabalho artesanal, a pequena propriedade fundiária em que se trabalha etc. e ele mesmo nas formas em que *não* aparece em oposição ao trabalho – no *pequeno capital* e nos gêneros intermediários, gêneros híbridos entre os antigos modos de produção (ou tal como esses modos de produção se renovaram no fundamento do capital) e o modo de produção clássico, adequado do próprio capital.

A única acumulação que está pressuposta no surgimento do capital é a de *potencial em dinheiro*, que é inteiramente improdutivo, considerado em si e por si, na medida em que emerge apenas da circulação e diz respeito apenas a ela. O capital forma para si rapidamente um mercado interno porque aniquila todos os ofícios camponeses paralelos, portanto fia, tece, veste a todos etc., em suma, traz na forma de valores de troca as mercadorias criadas anteriormente como valores imediatos de uso, um processo que resulta já de si mesmo pela dissociação dos trabalhadores em relação ao solo e à propriedade das condições de produção (mesmo que seja sob a forma [da propriedade] dependente).

No artesanato urbano, apesar de ele basear-se essencialmente em troca e geração de valores de troca, o fim imediato, principal dessa produção é a *subsistência como artesão, como mestre-artesão*, portanto valor de uso; não o *enriquecimento*, não *valor de troca como valor de troca*. A produção, assim, está por toda parte subordinada a um consumo pressuposto, a oferta, à demanda, e amplia-se apenas lentamente.

A produção de capitalistas e trabalhadores assalariados é pois um produto por excelência do processo de valorização do capital. A Economia vulgar, que só mantém à vista as coisas produzidas, esquece isso completamente. Nesse processo, tão logo o trabalho objetificado esteja posto ao mesmo tempo como *não objetividade* do trabalhador, como objetividade de uma subjetividade oposta ao trabalhador, como *propriedade* de uma vontade alheia a ele, o capital é [então] ao mesmo tempo necessariamente o *capitalista*, e o pensamento de alguns socialistas – "precisávamos do capital, mas não dos capitalistas" – é inteiramente falso. Está posto no conceito do capital que as condições objetivas do trabalho – e estas são produto próprio do trabalho – assumem [uma] *personalidade* que se confronta a ele, ou, o que é o mesmo, que aquelas condições estão postas como propriedade de uma personalidade alheia ao trabalhador. O capitalista está contido no conceito do capital. Todavia, aquele erro de modo nenhum é maior do que, por exemplo, o de todos os filólogos que falam a respeito de *capital* na Antiguidade, capitalistas romanos, gregos. Essa é apenas uma outra expressão de que o trabalho em Roma e na Grécia era *livre*, o que dificilmente esses senhores gostariam de afirmar. Que agora não apenas denominamos capitalistas os possuidores de plantações na América, mas que o *sejam*, baseia-se no fato de existirem como anomalias no interior de um mercado mundial baseado no trabalho livre. Caso se tratasse da palavra capital, que não ocorre entre os antigos*, os maiores capitalistas, então, seriam as hordas ainda nômades com seus rebanhos nas estepes setentrionais da Ásia, já que capital quer dizer originalmente gado, [e] por isso, também, o contrato de *metairie***, implementado no sul da França com frequencia pela falta de capital, [foi] gradativa e excepcionalmente [denominado]: *Bail de bestes à cheptel.**** Caso se quisesse consentir um mau latim, nossos capitalistas, então, ou *Capitales Homines*, seriam aqueles "qui debent *censum de capite*".

Encontram-se dificuldades na determinação do conceito do capital que não ocorrem em relação ao dinheiro; o capital é essencialmente o *capitalista*; mas, ao mesmo tempo, é *capital* também como elemento distinto do capitalista, [como o] subsistir deste ou a produção em geral. Desse modo, veremos adiante que muito se subsume ao *capital* que não lhe parece pertencer intrinsecamente, segundo seu conceito. O capital é, por exemplo, emprestado. É acumulado etc. Em todas essas

---

* Apesar de *principalis summa rei creditae* [montante principal de crédito] corresponder a ἀρχεῖα [princípios, elementos, origens] dos gregos. (N.A.)

** Em francês, *métairie*: área rural explorada segundo o sistema da divisão em metades, de tal maneira que o colono ou meeiro (*métayer*) fica obrigado a repartir os frutos do trabalho com o proprietário. (N.T.)

*** Arrendamento de animais por cabeça, arrendamento de cabeças de gado etc. (N.T.)

designações, o capital parece ser [uma] mera coisa e parece coincidir inteiramente com a matéria em que ele subsiste. Todavia, isso e o restante será esclarecido no percurso do desenvolvimento. (De passagem, observe-se ainda, por diversão: o bravo Adam Müller, que toma todas as expressões figuradas de maneira bastante mística, ouviu falar a respeito de *capital vivo* na vida comum, em oposição a *capital morto*, e por ora trata de corrigir essas expressões de maneira teosófica. O Rei Ethelstan podia tê-lo instruído a propósito: *Reddam de meo proprio decimas Deo tam in* ***Vivente Capitale*** (gado vivo), *quam in* ***mortis fructuis terrae*** (frutos mortos da terra).*) O dinheiro permanece sempre a mesma forma no mesmo substrato; e assim pode ser apreendido mais facilmente como mera coisa. Mas o mesmo [substrato], mercadoria, dinheiro etc. pode representar o capital ou *revenu* etc. Assim, é claro, mesmo para os economistas, que o dinheiro não é algo palpável; mas antes a mesma coisa pode estar subsumida ora à determinação capital, ora a uma determinação diferente e oposta, e desde então *é* capital ou *não*. É manifestamente uma *relação*, então, e *só pode ser uma relação de produção*.

Vimos como apenas ao *final do segundo ciclo* sobressai a verdadeira natureza do capital. O que temos de considerar agora é o próprio *ciclo* ou a *circulação do capital*. De início, a produção parecia situar-se além da circulação, e a circulação, além da produção. O ciclo do capital – a circulação posta como circulação do capital – abrange ambos os momentos. Nela a produção aparece como ponto final e inicial da circulação e vice-versa. A autonomia da circulação, assim como o situar-se além [por parte] da produção, é reduzida agora a uma mera aparência.

* "Do que me é próprio devolverei um décimo a Deus, tanto em gado vivo quanto em frutos mortos da terra." (N.T.)

Contradição entre o fundamento da produção burguesa (medida-valor) e seu próprio desenvolvimento

Tradução de José Arthur Giannotti, Vanilda Pereira Paiva e Paulo Licht dos Santos

A troca de trabalho vivo por trabalho objetivado, isto é, a posição do trabalho social sob a forma de oposição entre capital e trabalho assalariado, é o último desenvolvimento da *relação de valor* e da produção apoiada sobre o valor. Seu pressuposto é e permanece a massa de tempo de trabalho imediato, o *quantum* de trabalho empregado como fator decisivo da produção de riqueza. Na medida em que a grande indústria se desenvolve, a criação de riqueza efetiva torna-se menos dependente do tempo de trabalho e do *quantum* de trabalho utilizado do que do poder dos agentes postos em movimento durante o tempo de trabalho, poder que, em seu *powerful effectiveness* [poderosa efetividade], não mantém relação com o tempo de trabalho imediato demandado por sua produção, mas [essa criação] depende muito mais do estado geral da ciência e do progresso da tecnologia, ou seja, da utilização dessa ciência na produção. (O desenvolvimento dessa ciência, em particular da ciência natural e com ela de todas as outras, está diretamente relacionado com o desenvolvimento da produção material.) A agricultura, por exemplo, torna-se mero emprego da ciência do câmbio recíproco dos materiais, na forma mais favorável à regulação do corpo social como um todo. A riqueza efetiva manifesta-se muito mais – como nos revela a grande indústria – num imenso desequilíbrio entre o tempo de trabalho empregado e seus produtos e também no desequilíbrio qualitativo entre o trabalho reduzido a uma pura abstração e a violência do processo de produção por ela assegurada. O trabalho já não aparece tanto como encerrado no processo de produção na medida em que o homem se comporta muito mais como vigilante e regulador do processo de produção. (O que vale para a maquinaria também vale para a combinação da atividade humana e para o desenvolvimento das relações humanas.) Já não é o trabalhador que introduz a coisa natural modificada como elo entre si mesmo e o objeto, mas o processo natural, que ele transformou em processo industrial, é introduzido por ele como meio entre si próprio e a natureza inorgânica que ele domina. Ele comparece ao lado do processo de produção em vez de ser seu agente principal. Nessa transformação, não é nem o trabalho imediato, executado pelo próprio homem, nem o tempo que ele trabalha, mas a apropriação de sua própria força produtiva geral, seu entendimento e dominação da natureza por meio de sua existência como corpo social – numa palavra, o desenvolvimento do indivíduo social é o que aparece como o pilar fundador da produção e da riqueza. *O roubo do tempo de trabalho alheio, sobre o qual hoje se assenta a riqueza*, parece um fundamento miserável se comparado com a nova riqueza gerada pela grande indústria recentemente desenvolvida. Tão logo o trabalho, na forma imediata, tenha deixado de ser a grande fonte da riqueza, o tempo de trabalho deixa e precisa deixar de ser a sua medida, e portanto o valor de troca, [a medida] dos valores de uso. O *sobretrabalho das massas* deixa de ser condição da riqueza em geral, assim como o *não trabalho de poucos* [deixa de ser condição] do desenvolvimento dos poderes gerais do cérebro humano. Com isso entra em colapso a produção apoiada sobre o valor de troca, e o processo de produção material imediato despe-se ele próprio da forma da necessidade premente e do antagonismo (*die Form der Notdürftkeit und Gegensätlichkeit abgestreift*). Não é a redução do tempo de trabalho necessário ao sobretrabalho, mas a redução do trabalho necessário à sociedade a um mínimo, o tempo tornado livre para todos os indivíduos e os meios criados que possibilitam a educação artística, científica etc. necessária ao livre desenvolvimento das individualidades. O capital é ele mesmo a contradição em processo, conforme impede que o tempo de trabalho se reduza a um mínimo e, simultaneamente, torna o tempo de trabalho a única medida e fonte da riqueza. Por conseguinte, ele diminui o tempo de trabalho sob a forma necessária para multiplicá-lo sob sua forma supérflua. Neste sentido, transforma o supérfluo em medida crescente como condição – *question de vie et de mort* [questão de vida e de morte] – para o [trabalho] necessário. Se, de um lado, ele apela para todas as forças da ciência e da natureza, para as combinações e os intercâmbios sociais com o objetivo de tornar a criação da riqueza independente (de modo relativo) do tempo de trabalho empregado para sua criação; por outro lado, ele pretende medir, pelo tempo de trabalho, as imensas forças sociais assim geradas e impeli-las aos limites requeridos para manter o valor já criado como valor. As forças produtivas e as relações sociais – ambas diferentes aspectos do desenvolvimento do indivíduo social – aparecem ao capital apenas como meio e são para ele apenas um meio para produzir, partindo de seus fundamentos limitados. Na verdade, porém, elas são as condições materiais para explodi-los. "É verdadeiramente rica uma nação quando se trabalha seis horas em vez de doze. A *wealth* [riqueza] não é comando do tempo sobre trabalho (riqueza real), mas *disposable time* [tempo disponível] além daquele utilizado na produção imediata para cada indivíduo e para a sociedade como um todo..."* (*Grundrisse*, p. 592-594).

Significação da criação do capital fixo

(...) A criação de muito *disposable time* além do tempo de trabalho necessário para a sociedade em geral e para cada indivíduo dela (isto é, espaço para o desenvolvimento de todas as forças produtivas do indivíduo, por conseguinte, também da própria sociedade), essa criação de não tempo-de-trabalho aparece, tanto do ponto de vista do capital quanto de etapas anteriores, como não tempo-de-trabalho, tempo livre para alguns. O capital faz ainda que se aumente o tempo de sobretrabalho das massas por todos os meios da arte e da ciência, porquanto a riqueza consiste diretamente na apropriação de sobretrabalho; já que seu fim direto é o valor, e não o valor de uso. É assim, *malgré lui, instrumental in creating the means of social disposable time* [apesar dele mesmo, instrumento de criação dos meios do tempo social disponível], a fim de reduzir o tempo de trabalho para toda a sociedade a um mínimo decrescente e, desse modo, liberar o tempo de todos em vista do desenvolvimento de cada um. No entanto,

* *The Source and Remedy* etc., 1821, p. 6. (N.T.)

tende sempre, de um lado, a criar o *disposable time*, de outro, *to convert it into surplus labour* [a transformá-lo em sobretrabalho]. Se logra muito bem o primeiro, então cairá na superprodução, e assim o trabalho necessário será interrompido, porque o *capital* não pode valorizar nenhum sobretrabalho. Quanto mais se desenvolve esta contradição, mais se mostra que o crescimento das forças produtivas já não pode ser reprimido pela apropriação de *surplus labour* [sobretrabalho] alheio, devendo então a própria massa de trabalhadores apropriar-se de seu sobretrabalho. Feito isso, o *disposable time* deixa de ter assim uma existência *contraditória*. Desse modo, o tempo de trabalho necessário, de um lado, será medido pelos carecimentos do indivíduo social; de outro, o desenvolvimento da força produtiva social crescerá tão rapidamente que, a despeito de que a produção deva ser computada em relação à riqueza de todos, crescerá o *disposable time* de todos. Pois a riqueza efetiva é a força produtiva desenvolvida de todos os indivíduos. Já não é, assim, o tempo de trabalho mas o *disposable time* a medida da riqueza. O *tempo de trabalho* como medida da riqueza põe a própria riqueza fundamentando-se sobre a pobreza e o *disposable time* como algo que existe tanto *na oposição ao tempo de sobretrabalho como através dela*; ou põe ainda todo o tempo de um indivíduo como tempo de trabalho e o degrada a um mero trabalhador, subsumindo-o ao trabalho. *Por isso, a maquinaria mais desenvolvida obriga o trabalhador a trabalhar mais tempo do que faria um selvagem ou ele mesmo o faria com ferramentas mais simples e primitivas* (...) (*Grundrisse*, p. 595-596).